JN085542

■ 内定獲得のメソッド

Web面接

Personal Interview on Web

オンライン面接の心得

才木 弓加 著

　ITの浸透が人々の生活をあらゆる面で変化させている中、就職活動の環境も大きく変わっています。

　インターンシップ、会社説明会、面接など、オンラインを導入する企業もあり、対面とは異なる難しさを理解しておくことも大切です。対面であれば言葉だけではなく肌で感じる部分もプラスして、その人を判断することができます。しかし、オンラインの場合、面接担当者は限られた情報量をもとに人となりや適性を判断することになるので、学生側の言葉での情報発信が非常に重要になってきます。

　私は20年以上にわたり、多くの学生を指導してきました。そして、これまで私が関わってきた多くの経験をもとに皆さんが納得のいく就職活動を行うために伝えたいことが2つあります。

　まず、オンライン面接（Web面接）がどのようなものかを理解し、オンラインを通じて自分を表現する際のポイントを押さえておくことです。もう1つは、自分がどのような人間でどのような特徴や良さがあるかを理解してもらうことが必要だということです。

　これらのためには、今まで以上に事前準備が大切です。準備ができていれば、オンライン面接もそれほど難しいものではありません。皆さんの就職活動を応援しています。

才木弓加

▶️ 目次

Web 面接

第1章 オンライン面接を理解しよう

第2章 オンライン面接の事前準備

第3章 オンライン面接の基本と極意

第4章 オンライン面接の志望動機＆自己PR

第5章 オンライン面接の頻出質問と答え方

本書の見方

▶項目タイトル

その項目で解説する内容が把握できるよう、それぞれにタイトルが記載されています。

▶解説（本文）

オンライン面接を受けるうえでのポイントや注意すべき点などを詳しく説明しています。解説に記載されていることを学んで、オンライン面接の対策を立てましょう。

▶POINT

解説（本文）からわかるポイントや重要な点が一目でわかるよう、まとめてピックアップしています。各ページの内容を復習するときに便利です。

オンライン面接のマナー③

❾ 面接中の注意点

▶■ 画面越しの対話では、笑顔・身振り・うなずきが大事

オンライン面接は、どうしても直接会って話をするよりも感情が伝わりにくいため、自分のことを、短い時間で、簡潔に、相手にわかりやすく伝える工夫も余計にしなければいけません。

そのためにはやはり言葉だけでは不十分で、表情や態度、うなずきなどでより視覚に訴えると伝わりやすくなります。

効果的なのは、①画面に映る面接担当者でなく、カメラを見て話す、②明るい表情や笑顔を心がける、③相手の話を聞くときは大きくうなずき理解しているサインを送る、などです。

▶■ 話すスピードと声の大きさにも要注意

話すスピードも重要です。緊張すると早口になりがちなので、少しゆっくり話す意識をもち、声も普段より大きめに出してみましょう。

ただ、画面越しだと、どのくらいの声量が適当なのかつかみにくいものです。不安なことがあれば、「画面や声の届き方に問題ないでしょうか?」と、面接の最初に確認すると良いでしょう。

キーボードを叩く音やスマホの通知音なども意外と相手に聞こえています。面接担当者が不快な思いをする場合もあるので要注意です。

⚑ POINT

感情が伝わりにくいオンライン面接では、笑顔、身振り・手振り、うなずきといったアクションが重要。話すスピードや声の大きさなどにも注意しよう。

本書では、オンライン面接と対面面接の違いや、オンライン面接時のマナー、学生がオンライン面接を受ける際に注意したいことなどを掲載しています。近年どこの企業もオンライン面接を導入するようになっています。オンライン面接ならではのルールや特徴を確認して、内定獲得を目指しましょう。

意外と気づかない！オンライン面接の注意事項

オンライン面接では、対面とは異なる、さまざまな注意点があります。面接中は、以下のポイントを注意するように心がけましょう。

☐	①少しオーバーな明るい表情やリアクションでちょうどいい	少しオーバーかなと思うくらいの明るい表情やリアクションを意識しましょう。画面越しだと、それくらいでちょうどいいことが多いです。
☐	②面接担当者ではなく、カメラを見て話す	画面越しの対話は、対面式の面接とは異なります。画面に映る面接担当者ではなく、カメラを見て話しましょう。
☐	③声は普段よりも大きめに、ゆっくり話す	画面越しの対話では、声が聞こえにくいことが起こります。普段より少し大きめで、ゆっくり話す意識をもちましょう。
☐	④不安なことは、最初に確認する	声が大きすぎて、相手が不快に思う場合があります。最初に「声の届き方は問題ないでしょうか？」と確認すると良いでしょう。
☐	⑤メモはキーボードではなく、ノートに	キーボードのタイプ音は、意外と大きく響き、画面越しに相手にも聞こえています。メモを取るときは、就活ノートなどに書き留めましょう。
☐	⑥スマホの通知音、SNSのアラームなどの電子音に注意	パソコンやスマホの通知音にも要注意です。SNSなどは通知の設定を OFF にし、アラームなどの電子音が鳴らないように気をつけましょう。

スマホなどの通知音は「これくらい大丈夫だろう」と思っていたら、実は面接担当者が不快な思いをしていた、ということが少なくないです。面接中に余計な音がしないように、事前に設定を変えておきましょう。

▶章タイトル

各章のタイトルを右ページに記載しています。読みたい項目や必要な内容を探すときに便利です。

▶図解

解説（本文）で書かれている内容を表やイラストなどでわかりやすく図解しています。解説（本文）と合わせて読むとより理解が深まります。

▶先生のアドバイスやCHECK

先生の体験談に基づいたアドバイスを掲載しています。ページによっては、さらに補足したいことや重要な点を CHECK として掲載しています。

第5章では、オンライン面接でよく聞かれる質問をまとめています。画面越しで行うオンライン面接は雰囲気が伝わりづらいため、面接担当者が学生のことをよく知るために、中学や高校時代のことについて聞かれることも。オンライン面接ならではの質問を確認して、自分なりの回答を考えておきましょう。

第 1 章

オンライン面接を理解しよう

オンライン面接は、以前から行われてきた Web を通じて行う面接手法です。現在では、多くの企業の一次面接や二次面接がオンライン上で行われているといっても過言ではありません。そのため、オンライン面接を突破する方法を身につけることが、就活生にとって内定を取るための近道になります。まずは、オンライン面接とは、どういうものなのかを理解しましょう。

① 近年増加中の オンライン面接とは？

▶️ 今の就活生にとって最も重要な面接手法

そもそも、オンライン面接とは、オンライン上で行われる面接のことです。通常、Zoom、Whereby、Skype、その他の Web 会議アプリケーションや Web 面接アプリケーションなどを使って実施されます。

もともとは、10 年以上前から導入されてきた、面接形態の 1 つですが、2020 年 2 月以降、新型コロナウイルスの影響でオンライン面接を導入する企業が、急激に増えています。

就活生にとってオンライン面接対策は、今や避けては通れない道といえるでしょう。

▶️ 対面面接はなくなっていく？

現在は、多くの企業でオンライン面接が導入されており、一次面接や二次面接で行われるのが一般的です。役員面接や最終面接については、対面で行う企業もあれば、オンラインで行う企業もあります。その一方で、多くの企業は、対面面接を通じて、就活生の人間性や可能性などを肌で感じることができる場を求めているのは確かです。そのため、対面面接が完全になくなることはないでしょう。

就活生は、通常の対面面接の対策に加えて、オンライン面接の対策を立てることが求められます。

POINT

オンライン面接の関門を突破しなくては、内定を取ることができない時代に！

オンライン面接を受ける学生が増えている

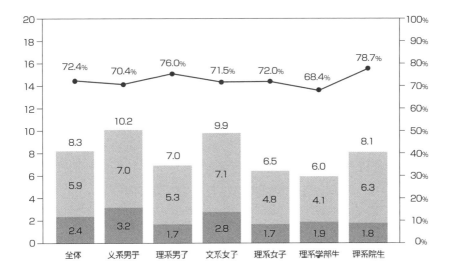

- ■ 2020 年 3 ～ 7 月に受けた面接が対面面接だった社数（平均）
- ■ 2020 年 3 ～ 7 月に受けた面接がオンライン面接だった社数（平均）
- ●― 2020 年 3 ～ 7 月に受けた面接のうちオンライン面接が占める割合

出典：マイナビ 2021 年卒学生就職モニター調査　7 月の活動状況をもとに作成

面接担当者から高評価を得るためには、本書で紹介していくオンライン面接の基本マナーや NG 行為、注意事項などを把握して、しっかりと実行していきましょう。

❷ インターンシップ面接も オンラインに

▶️ インターンシップとは、就業体験ができる制度

　インターンシップとは、学生が企業で実習や研修的なプログラムをもとに就業体験ができる制度です。インターンシップに参加することによって、企業の雰囲気や仕事内容を肌で感じることができ、業界選びの参考にしたり、企業研究をより深めることができます。企業によっては、インターンシップに参加することで、次のステップに進める可能性もあります。

　インターンシップに参加するには選考がある場合も多く、その選考もオンライン面接で行う企業が増えています。希望する企業のインターンシップに参加するためには、この選考を突破する必要があります。

▶️ 学生も企業も、双方が効率的に選考に臨める

　インターンシップ選考に面接がある場合、これまでは地方に住む学生は都心部の企業のインターンシップには参加しにくい傾向がありました。

　しかし、オンライン選考であれば、住んでいる地域や希望する企業の場所を問わず、どんな企業の面接でも受けやすくなります。移動の時間が不要になり、交通費や宿泊費などの金銭的負担もなくなります。

　都心部の企業に就職したい地方の学生や、Ｉターン・Ｕターンを希望する学生にとっても、また、全国からの応募者を選考できるようになった企業にとっても、これは大きなメリットといえるでしょう。

> **POINT**
> オンライン選考が増えたことによって、全国各地のインターンシップに参加しやすくなった。

■ インターンシップ選考の締め切りに要注意！

　インターンシップ選考がオンラインになることで、人気企業や大手企業にはこれまで以上に多くの応募者が殺到することが予想されます。

　通常、各企業ともインターシップ実施の１ヶ月ほど前に応募の締め切りを設けていますが、夏のインターンシップの場合は、５月第１週ごろを応募締め切りに設定している企業があります。

　応募期間と締め切りには、十分注意しましょう。秋・冬開催の場合も１ヶ月前が基本ですが、短期日程が多いこともあり、不定期で開催されるケースも少なくありません。２月は件数も多く、締め切りも集中するので、それまでに業界選びなどを進めておきましょう。

☑ CHECK

　インターンシップ面接のコツと注意点は、24～25ページで詳しく解説するので、チェックしておこう。

③ 対面面接との違いを理解しよう

▶️ 対面面接よりも質問される内容が深くなる

オンライン面接は画面越しの対話になるので、学生と面接担当者、双方が受け取る情報量が対面面接よりも少なくなります。結果、表情や声の抑揚などが伝わりにくく、面接担当者にとっては応募者の個性や人柄が把握しにくいデメリットがあります。そのため質問内容は、対面面接よりも深くなる傾向があります。

頻出質問の「志望動機」「学生時代に力を入れたこと」「自己PR」以外にも「学業」についての質問が増えるなど、あなたの個性を把握するための幅広い質問をされることが予想されます。どんな質問をされてもブレない回答ができるように、自己分析を徹底的に深めておくことが大切です。

▶️ 明るさ・元気・意欲が伝わりにくい

オンライン面接は、対面面接と同じように臨むと、自身の印象が大きく異なって伝わる傾向があります。自分では普通に振る舞っているつもりでも、面接担当者には元気がないように見えたり、志望意欲や熱意が感じられない印象を与えたりするのです。

オンラインの対話では、多少オーバーになるくらいにテンションを高くして明るさ・元気良さをアピールしたり、言葉だけでも意欲や熱意が伝わるように、話し方や話す内容を工夫する必要があります。

> **POINT**
>
> オンライン面接では、対面面接よりも、より深い質問に答える準備や、テンションを上げて面接に臨む必要がある。

▶︎■ 通信トラブルに要注意

　オンライン面接では、通信トラブルが生じることがあります。接続がうまくいかず、30分程度の面接でも何度も通信が途切れて、面接担当者が困ってしまうこともあります。

　面接前にインターネット環境に問題がないかを必ずチェックし、通信環境を確認しておきましょう。無料のWi-Fiスポットや電波が弱い環境は要注意です。通信環境に問題があると、以下のようなトラブルが起こりがちです。

オンライン面接でありがちな通信トラブル

面接の途中で急に
音が聞こえなくなる

映像がフリーズする

途中で接続が
切れてしまう

音と映像の動きに
タイムラグが生じる

☑ CHECK

面接の前には、必ずインターネット環境を確認しておくことが大切。オンライン面接を受ける際は、有線LANケーブルでインターネットに接続できる場所がおすすめ。そうでない場合は、ルーターの近くやWi-Fi電波が常に強い場所を探しておく。

④ 企業側にとっての オンライン面接

▶ より多くの学生と面接ができる

　企業側にとって、オンライン面接はどのようなメリットがあるのでしょうか。

　対面型の面接は、エントリーシートで厳しい選考を行い、限られた人数の面接を行います。一方、オンライン面接は、対面面接よりも手軽に行えるため、たくさんの学生と面接が行えます。

　面接する時間や空間といった制約が少ないので、面接担当者以外の人事担当者も、面接の様子を見て評価することができます。

　さらに、地方学生からも応募が見込めます。より多くの学生を選考し、採用できることは、企業にとって大きなメリットとなります。

▶ 圧迫面接と勘違いされるケースも

　オンライン面接には、デメリットもあります。画面を通じてのコミュニケーションとなるため、面接担当者の意図が伝わりにくいケースがあります。画面越しの対話では、言葉や表情の細かいニュアンスが伝わりにくいため、圧迫面接と勘違いされてしまうケースもあります。

　また、オンライン面接の場合、対面面接よりも相手から得られる情報が少なくなります。その学生が必要な人材かどうかの見極めが難しいことも、企業側にとってのデメリットといえるでしょう。

> **POINT**
> 企業側にとってのメリットは、多くの学生の面接が手軽にできること。デメリットは、必要な人材かどうかの見極めが難しいこと。

企業側にとってのメリット

①より多くの学生と面接ができる

オンライン面接は、時間や空間、場所などの制限がないので、対面面接よりも多くの学生と面接ができます。

②担当者以外も面接の様子が見られる

オンライン面接は、録画できるので、面接担当者だけではなく、より多くの人事担当者や社員が面接の様子を見て、学生の評価をすることができます。

③地方学生からの応募が見込める

オンライン面接は、どこに住んでいても受けられるので、地方や遠隔地などから、より多くの学生の応募が見込めます。

企業側にとってのデメリット

①面接担当者の意図が伝わりにくい

オンライン面接は、画面越しのコミュニケーションになるため、面接担当者の意図が伝わりにくいケースがあります。

②圧迫面接と勘違いされることも

面接担当者にそういうつもりはなくても、話し方や表情が誤解され、圧迫面接と勘違いされてしまうことがあります。

③必要な人材かどうかの見極めが難しい

オンライン面接は、対面面接よりも得られる情報が少ないため、その学生の本質が見極めにくく、選考に迷うケースが多いです。

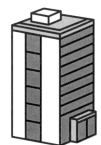

☑ CHECK

面接担当者の意図の把握や、好印象を与える話し方など、オンライン面接のコミュニケーション力アップの方法は、第3章をチェックしよう。

⑤ 学生にとっての オンライン面接

▶ 短時間で効率的に面接を受けられる

学生にとってのオンライン面接のメリットは、対面面接と比べてお金も時間もかからないことです。オンライン面接は、移動する必要がないため、短時間で効率的に、多くの面接を受けることができます。

交通費や宿泊費がかからないことは、地方の学生にとって特に大きなメリットの1つといえるでしょう。より多くの企業にエントリーしやすくなり、チャンスが大きく広がります。

また、就活では、面接における反省点を改善していくのが大事なポイントです。

▶ 対面面接との違いを理解することが重要

ただし、デメリットもあります。オンライン面接を受けるためには、機材や面接を受ける場所、通信環境などを整えておく必要があります。

また、画面越しの対話は、面接担当者の意図がわかりづらいため、圧迫面接だと勘違いしてしまい、自分の力が発揮できないケースもあります。自分では普通に話しているつもりでも、「元気がない」という印象を与え、「志望意欲が低い」と判断されてしまうケースも少なくありません。

オンライン面接では、画面を通じて自分を理解してもらうことになるので、対面面接との違いを理解しておくことが重要です。

> **POINT**
> 学生にとってのオンライン面接のメリットは、お金も時間もかからないこと。デメリットは、通信環境の整備や、画面越しの対話の難しさ。

学生にとってのメリット

①短時間で効率的に面接を受けることができる

オンライン面接は、移動の時間が必要ないので、効率的に面接を受けることができます。

②拘束時間が短い

面接時間に合わせてオンラインに接続すればよいため、面接会場での待ち時間がなく、拘束時間が短いのもメリットの１つ。また、直前まで面接準備をすることができます。

③費用がかからない

オンライン面接は、移動する必要がないので、交通費や宿泊費がかかりません。地方在住の場合は特に大きなメリットとなります。

学生にとってのデメリット

①事前に環境を整える必要がある

オンライン面接は、移動の必要はありませんが、機材や場所、通信手段など、事前に環境を整えておく必要があります。

②自分の力を発揮できないケースも

オンライン面接は、面接担当者の意図がわかりづらいため、圧迫面接だと勘違いし、自分の力を発揮できないケースがあります。

③対面面接との違いを理解していないと失敗しやすい

オンライン面接で高評価を得る方法は、対面面接とは異なります。オンライン面接を受けるにあたってのマナーとルールを確認しておくことが重要です。

◇ ☑ CHECK

オンライン面接で準備しておくべきものや、面接での基本的なマナー、時間管理の方法などは、第２章をチェックしよう。

❻ オンライン面接の種類

▶️ オンライン面接も「面接の種類」は対面面接と同様

多くの企業は、一次面接から最終面接まで3〜4回の面接を行います。面接の相手も人事担当者や若手社員から始まり、課長、部長を経て、最終面接は役員クラスが担当するケースがあります。

選考の初期段階である一次面接では集団面接が行われ、ステップが進むにつれて個人面接になっていくことがほとんどです。最近では、面接にグループディスカッションを採用する企業も増えています。また、面接の前にグループ形式の座談会や質問会が行われることもあります。

こうしたプロセスは、オンライン面接においても同様です。最近は、エントリーシートと合わせて、学生が動画で自己PRや志望動機を提出する「動画選考」をする企業も増えてきました。

▶️ インターンシップ面接でも事前準備は必要

本選考だけでなく、インターンシップ選考をオンライン面接で行う企業も増えています。インターンシップ選考でも個人面接のほか、集団面接が行われる場合もあります。インターンシップ選考とはいえ、志望動機や志望度合いを聞かれるケースも多いです。

多くの企業がインターンシップに力を入れ、その後の本選考も意識しています。インターンシップ選考とはいえ、入念な事前準備が必要です。

POINT

◎オンライン面接でも、個人面接、集団面接、グループディスカッションの3つの種類がある。動画選考を行う企業も増えている。
◎インターンシップ面接も、本選考と同じように事前準備が必要。

オンライン面接の種類

オンライン面接でも、基本的な面接プロセスは一緒です。しかし、対面面接と異なりコミュニケーションが取りづらいなどの難点が。まずは、それぞれの面接の違いを理解しましょう。そうすることで、プロセスごとに学ぶべきポイントも理解しやすくなります。

1 インターンシップ面接

1人の学生に対して1〜3人の面接担当者によって進められる個人面接のほか、複数の学生と一緒に受ける集団面接もあります。

2 個人面接

1人の学生に対して1〜3人の面接担当者によって進められる選考方式。面接時間は10〜30分。1時間程度かかる場合もあります。

3 集団面接

複数の学生と一緒に受ける選考方式。面接担当者も複数人のことが多いです。面接時間は、15〜45分など企業によって異なります。

4 グループディスカッション

学生を5〜8人程度のグループにし、テーマを与えて討論をさせる選考方法。「自由討論方式」「インバスケット方式」「ケーススタディ方式」「ディベート方式」のおもに4つの方式があります。面接時間は20〜60分です。

5 動画選考

自己PRや志望動機など事前に決められた課題を録画収録し、提出する選考方式。「録画選考」とも呼ばれています。

☑ CHECK

オンライン面接では、インターンシップ面接、個人面接、集団面接、グループディスカッション、動画選考と、面接の種類別にそれぞれ異なるコツと注意点がある。次のページから詳しくチェックしていこう。

⑦ インターンシップ面接

▶️ インターンシップ選考とはいえ事前準備が必要

就業体験をする「インターンシップ・仕事体験」は、近年、取り入れている企業が増えており、就活の業界・企業研究において大変有効です。

興味のある業界・企業に直接飛び込むことのできるチャンスは、ほかにはなかなかありません。アルバイトとは違う「仕事の現場」を肌で感じることができるので、ぜひ応募してみてください。

ただし、そのためにはインターシップ選考に合格する必要があります。インターンシップ選考とはいえ、十分な準備が必要です。

▶️ 自分の良さを伝えるために「自己分析」は欠かせない

インターンシップ面接は、１人の学生に対して１〜３人の面接担当者によって進められる「個人面接」、または複数の学生と一緒に面接を受ける「集団面接」で行われるケースがあります。

面接時の質問は、エントリーシートの内容を確認することが多いので、自分が何を書いたのか、直前に見直しておくことが大切です。

自己 PR を求められることも多いため、自分の特徴や良さを伝えるための自己分析が欠かせません。インターンシップに参加することによって「何を得たいのか」も具体的に説明できるようにしましょう。

> **POINT**
> ◎面接を受ける前にエントリーシートの内容をしっかり確認する。
> ◎自己 PR に備えて、自己分析は欠かせない。
> ◎目的意識を明確にし、具体的に説明できるようにしておく。

インターンシップの選考ポイント

人気企業、大手企業のインターンシップでは、受け入れ人数の関係上、書類選考（エントリーシート）や面接、グループワークなど、何かしらの選考が設けられているケースが多いです。

エントリーシートや面接などの選考を通じて、人事担当者がチェックしているのは、おもに以下の3つのポイントです。

❶ 日常生活や学校（ゼミや研究室）での活動を通して、実習に必要な知識・技能を有しているか？

❷ 志望動機が明確で、高い目的意識をもって応募しているか？

❸ 自己分析を通して自分の強みを理解し、その強みを活かしてグループワークに取り組んだ経験はあるか、もしくは課題突破力をもっているか？

この3つのポイントを軸にして、企業はエントリーシートの内容や面接で接した人物像などを含めて総合的に判断をします。オンライン面接であっても、対面面接であってもこの原則に変わりはありません。

しっかりと事前準備をして、インターンシップ選考を突破しましょう。

近年、面接時において、インターンシップを受けたかどうかを問われる質問が増えています。興味のある企業はもちろん、希望していない業界であったとしてもインターンシップに参加することで、意欲的な学生だと面接担当者にアピールすることができますし、視野も広がります。インターンシップもオンラインで実施している企業が増えているので、遠方の企業でも一度チャレンジしてみるとよいでしょう。

○ ☑ **CHECK**

インターンシップ選考における個人面接・集団面接のコツと注意点は、通常のオンライン面接と変わりない。次のページもチェックしよう。

❽ 個人面接

▶️ 周りの学生を気にすることなく面接を受けられる

個人面接は、学生1人に対して面接担当者が1～3人で行うケースが多いです。

オンライン面接でも対面でも個人面接は学生1人に対して行われるため、どちらの方法であったとしても、周りを気にする必要はありません。

質問内容は、「自己PR」「大学生活」「志望動機」「キャリアビジョン」などの定番質問に加え、「学業」や「中学・高校時代」について深く掘り下げられることがあり、対面面接より突っ込んだ質問をされる傾向が強いです。

▶️ 通信トラブルが発生したときのことを考えておく

オンライン面接で特に注意したいのは、通信トラブルが発生しないようにするための事前準備です。面接前にインターネット環境に問題がないか必ずチェックし、通信環境を確認しておきましょう。

それでも、通信トラブルが起きてしまう場合があります。そんな不測の事態に備えて、スマートフォン（スマホ）も準備し、相手の電話番号も必ず確認しておきましょう。トラブルが起きたら、速やかに相手に連絡し、まずはお詫びし、どのような対処をすべきかを問い合わせることが大切です。

POINT

◎個人面接は、ほかの学生がいないので面接に集中しやすい。
◎質問内容は、対面面接よりも深く突っ込まれる傾向がある。
◎通信トラブルが起こったときに備え、事前に準備しておくことが大事。

オンライン面接 7つのチェックポイント

オンライン面接で、必ず押さえておきたいのが以下の7つのポイントです。以下を意識するだけで、オンライン面接の対策をとっていない学生に大きな差をつけることができます。

☐①準備するもの	筆記用具、メモ、就活ノート、携帯電話。携帯電話は通信トラブルが発生したときのために必要です。相手の電話番号も必ず用意しておきましょう。
☐②服装	自宅であってもカジュアルな服装はNGです。清潔感のある落ち着いた身だしなみを。下半身が映る場合もあるので、おすすめなのはスーツを正しく着用することです。
☐③カメラの位置	表情がわかる距離にPCやスマホなどのデバイスをセットします。カメラの位置は、正面か少し上に。面接担当者を見下ろさないように注意しましょう。
☐④目線	画面に映る面接担当者ではなく、カメラを見て話します。常ににこやかな笑顔を意識しましょう。
☐⑤声	明るい声で、普段よりもゆっくり話すことを心がけます。強調したいことは、より丁寧に、相手に聞き取りやすく伝えましょう。
☐⑥回答	提出済みのエントリーシートの内容と面接の回答に差異がないように注意します。面接前に必ず再確認しておきましょう。
☐⑦終了時	面接が終わっても、面接担当者が回線を切るまで笑顔で。指示があるまで、自分から切らないように注意しましょう。

☑ CHECK

オンライン面接では、面接回数が多くなる傾向があり、「本来の自分が伝え切れていない学生」は、5回や6回では終わらないことも。第5章の「頻出質問」などを参考に、きちんと対策を練っておこう。

📹 「ほかの学生の回答や意見を聞く態度」も評価の対象

集団面接は、学生3〜5名に対して、面接担当者が1〜3名で行われます。質問内容は、個人面接とそれほど変わらず、「自己PR」「学生時代のこと」「志望動機」「キャリアビジョン」「学業」がおもなところです。

ただし、1つの質問に対して学生が順番に答えていく形式や、挙手制で順番を決めて答えるケースがあります。集団面接では、「周りの学生の回答や意見をしっかりと聞くことができるか」も評価のポイントです。すべての人の声が聞き取れるかを最初に確認し、自分の話が終わってもほかの学生の話をしっかりと聞きましょう。

📹 座談会や質問会では、多くの質問を準備しておく

本選考の前に、座談会や質問会という名目でグループ形式の集団面接が行われるケースも増えています。企業理解が目的ですが、志望度合いや就活の状況を見るためでもあります。学生から人事担当者に質問する形式が多く、時間は40〜50分程度。かなり長い時間が用意されているので、事前に多くの質問を用意しておかないと苦しくなります。

座談会や質問会は、OBOG訪問と同じような位置づけですが、オンラインでは伝わる情報も少なく、若手社員は就活生の判断ができないケースが多いので、積極的に質問や意見交換を行うことが必要となります。

> **POINT**
> ◎すべての人の声が聞き取れるかを最初に確認する。
> ◎ほかの人の話もしっかり聞く。
> ◎座談会や質問会においても事前準備が大切！

▶️ もしも、ほかの学生と話がかぶったら？

　集団面接は、自分1人で何人もの面接担当者と対する個人面接と比べたら、緊張度合いは軽そうに思えますが、実際には「個人面接だったらうまくできるのに、集団面接は苦手だ」という学生が多くいます。

　私の就職塾でも「ほかの学生に自分のペースを乱されてしまう」と話す学生が多くいます。たとえば、集団面接でよくあるのは、自分の考えていた意見と同じような内容をほかの人に先にいわれてしまうことです。

　その場合、「同じことを話したら、主体性がないように思われる」と不安になり、無理してほかの回答をする人が多いようです。しかし、話したいことを先にいわれてしまったとしても、気にする必要はありません。

▶️ ほかの学生と同じ意見をいっても構わない

　逆に無理してほかの人と違うことをいおうとすると、その場で取り繕った答えを返すことになり、次に面接担当者に突っ込んだ質問をされたときに、答えに窮してしまいます。

　「自己PRでボランティアに参加した話をしようと思ったら、先に答えた人にいわれてしまった」

　そんなときでも、自分がなぜボランティアに参加したのかや、そこでの行動、学んだことは、ほかの人とは違うはずです。自己分析を深めておけば、切り口は同じでも、ほかの人とは違うアピールができます。面接担当者が知りたいのは、あなたの志望意欲です。自分の意見は自分の意見なのですから、堂々と話し、自身の熱意を積極的にアピールしましょう。

☑ CHECK

第5章では「オンライン面接における頻出質問」を掲載している。よくある質問に対して、どのように答えるのか、自分なりの答え方を考えておこう。そうすれば、集団面接も怖くない！

⑩ グループディスカッション

▶️ グループディスカッションの意図

面接にグループディスカッションを採用する企業が増えています。グループディスカッションは、学生を5〜8人程度のグループにし、テーマを与えて討論をさせる選考方法です。その狙いは、ディスカッションの様子から複数の人間を相手にどれだけのコミュニケーション能力を発揮できるかチェックすること。企業とは、チームで仕事をする場です。オンラインにおいても、集団における適性があるかどうかを見られています。

グループディスカッションのおもな方式

1 自由討論方式

その名の通り、あるテーマに対して自由にディスカッションする方式。「良い会社とは？」など正解のないテーマが設定されることが多いです。

2 インバスケット方式

与えられた複数の選択肢の中からディスカッションによって1つを選んだり、話し合いによって順位づけをしたりする方式です。

3 ケーススタディ方式

ある状況やルールが設定され、その状況やルールの中でベストだと思われる方式を、メンバーで練っていくグループディスカッションです。

4 ディベート方式

1つのテーマに対して、反対や賛成など2つの立場に分けて討論する方式。AとBどちらを選択するかといったテーマを議論する場合もあります。

▶️ オンライングループディスカッションのポイント

グループディスカッションの目的を「相手を論破すること」と考えている学生がいますが、それは勘違いです。評価されるのは、ほかの人のさまざまな意見を積み重ね、より良い意見にまとめあげられる協調性の高さです。オンラインでは、以下の4つが特に大事なポイントとなります。

1 開始時間よりも少し前に参加して自己紹介する

グループディスカッションでは、全員が話し合いに参加できるように配慮できる人、テーマから話が脱線しても人の意見を否定することなく軌道修正できる人などが、高い評価を得やすいです。開始時間よりも少し早く参加して、自己紹介し、ほかの人の顔と名前を早く覚えましょう。

2 自分の役割を決めておく

グループディスカッションでは、さまざまな役割が必要です。司会、司会のサポート、アイデアを多く出す人、議論の流れを記録し軌道修正する人、時間管理をする人など、それぞれの役割でチームに貢献することが求められます。事前に自分の役割を決めておくと良いでしょう。

3 傍観者にならず積極的に自分の意見を述べる

協調性が大事といっても、何も発言しなかったら、面接担当者も評価しようがありません。発言回数は、必ずチェックされています。どんな役割であっても、話し合いには積極的に参加しましょう。

4 表情が伝わりにくい分、できるだけ自分の感情や思いを言葉にする

対面型のグループディスカッションでは、表情や仕草などでさまざまな感情表現ができますが、オンラインでは伝わりにくいです。できるだけ自分の感情や思いを言葉にすることが大切です。

☑️ CHECK

グループディスカッションでは、知識量や話を聞く姿勢も見られている。アンテナを高くもち、社会の動きなどに興味をもつことや、ほかのグループが発表する際にもメモを取ることなども心がけよう。

⑪ 動画選考

▶️ 制限時間内にきちんと話すことが重要

　動画選考とは、自己 PR や志望動機など、事前に決められた課題を録画収録して提出する選考方式です。「録画選考」とも呼ばれています。

　以前は自作した動画を送るケースが多かったのですが、最近は企業に指定された URL にアクセスし、そのサイトで動画を録画し、エントリーシートと一緒に送る方式が中心となっています。

　質問は1〜2問、時間制限は30秒〜1分以内。撮り直しができないケースもあります。時間になったら録画が切れてしまうので、時間内に話すことが重要です。

▶️ 録画する場所、身だしなみ、表情にも注意

　そのため事前の練習が必要です。ただしエントリーシートの丸暗記は NG。原稿をただ読むだけでは、相手に思いが伝わりません。書いたことを自分の言葉で伝えることが重要です。自己 PR などを箇条書きにして PC の横に貼りつけ、感情を込めて話せるように練習しておきましょう。

　録画する場所や背景、身だしなみ、カメラの位置、目線、声など、注意すべきポイントはいくつもあります。特に大切なのは、表情です。動画選考では、目の前に面接担当者がいないので表情が固まりがち。面接担当者がいることを想像し、常に口角をあげながら、笑顔で話しましょう。

> **POINT**
> ◎撮り直しできない場合が多い。制限時間内に話すことが重要。
> ◎録画する場所、背景、身だしなみにも注意。
> ◎面接担当者が目の前にいなくても、感情を込めて、笑顔で話す。

動画選考　7つのチェックポイント

撮り直しができないケースもある動画選考は事前準備が最も重要です。以下の7つのポイントを意識して、スムーズに話せるようになるまで、自分のスマホのカメラなどで何度も撮影を繰り返しましょう。

☐	**①準備するもの**	自己PRなどを箇条書きにしたもの。ただし、それを丸暗記するのではなく、感情を込めて自分の言葉で話しましょう。
☐	**②身だしなみ**	動画選考であってもカジュアルな服装はNGです。清潔感のある落ち着いた身だしなみを。スーツがおすすめです。メイク、姿勢、表情にも注意しましょう。
☐	**③背景**	できれば無地の壁が理想的です。私物が背景に映る場合は、移動させたり、布などで隠す配慮を。
☐	**④カメラの位置**	表情がわかる距離にPCやスマホなどのデバイスをセットします。カメラの位置は正面か少し上に。面接担当者を見下ろさないように注意しましょう。
☐	**⑤録画**	話し始めるのは、録画ボタンを押してから2秒後に。話し終わった後も2秒待ってから停止します。制限時間内に話せるように事前の練習が必要です。
☐	**⑥目線**	PCやスマホの画面ではなく、カメラを見て話します。常ににこやかな笑顔を意識しましょう。
☐	**⑦声**	明るい声で、話すことを心がけます。強調したいことは、より丁寧に、聞き取りやすく伝えます。

◦ ☑ CHECK ··

オンライン面接や動画選考で準備しておくべき機材や場所については第2章、好印象を与える話し方は第3章をチェックしよう。

—{ コラム }—

就活ノートが内定獲得への近道

スマホにメモはリスクが高い。志望意欲を疑われるケースも

　今の学生は、メモを取るのも、スケジュール管理も何でもスマホです。それが当たり前になっていますが、スマホには多くのリスクがあります。

　たとえば、会社説明会では、スマホにメモしている学生が多くいますが、企業側からは何をしているのか見えません。実際にメモを取っていても、ほかのことをしているようにも見えます。

　オンライン面接の最中にメモを取るのも同様です。「メールチェックでもしているのでは?」と誤解され、志望意欲を疑われたりします。

　ある大学の施設実習では、介護士が介護をするときにスマホでメモをしている学生がいて、入居者から「すごく感じが悪い」とクレームがあり、「せめてタブレットにしてくれ」と注意されたそうです。

　就活も同じです。説明会でも質問会でもインターンシップでもオンライン面接でも、誤解される行動自体が問題なのです。

就活ノートをつくり、大事なポイントはその1冊にすべて集約

　私が主宰する就職塾では、就活ノートをつくることを推奨しています。自己分析や企業研究、スケジュール管理から選考の様子や状況、オンライン面接の対策まで、すべて1つの就活ノートで管理するのです。

　私はこれまで20年以上、学生の就職支援をしてきましたが、就活ノートを上手に利用し、自分自身を理解したり、選考を振り返ったりすることができる学生の多くが、納得のいく結果を出してきました。

　まずは就活ノートをつくり、就活のすべてのプロセスをそこに記録していきましょう。本書でお伝えする大事なポイントもメモしておけば、オンライン面接の直前に簡単に振り返ることができます。

　そうやって就活の内容をどんどんブラッシュアップしていくことが内定への近道です。ぜひ参考にしてみてください。

第 2 章

オンライン面接の
事前準備

オンライン面接で最も重要なのは、機材などを含め
た事前準備です。画面越しで雰囲気が伝わりづらい
からこそ、適切な機材や環境を整えることが高評価
を得ることにつながります。本章では、オンライン
面接前に準備しておきたい機材や環境などを解説し
ているので、オンライン面接を受けるにふさわしい
状態を学びましょう。

❶ オンライン面接の準備①
機材 パソコン

▶️ 面接だけではなく、就活全体がオンライン化

　現在では面接だけでなく、就活全体がオンライン化しています。インターンシップ選考はもちろん、インターンシップ自体もオンラインで行われることが増え、会社説明会も座談会も質問会も、OB・OG訪問も、すべてオンライン化が進んでいます。

　人に直接会って何かを聞いたり、自分のことをわかってもらうのは、これまでの経験が応用できますが、オンライン上で面接やインターンシップを行うとなると、事前に準備ができていないと何もできません。

▶️ まず準備すべきものは、パソコン

　では、何を準備すればいいのかというと、まずはパソコンです。就活がオンライン化した初期のころは、スマホでも大丈夫といわれていましたが、画面や表示される文字が小さく見づらいといった難点もあります。そのため、現在はほとんどの学生がパソコンを使ってオンライン面接を受けています。

　ただし、パソコンを用意するだけではダメで、パソコンを通じて、自分をちゃんと映し出さなくてはいけません。古いパソコンだと画像がキレイに映らなかったり、バーチャル背景が使えなかったりもします。

　まずは「オンライン就活に使えるパソコン」を用意しましょう。

> **POINT**
> 就活全体がオンライン化している現在、就活生にとってパソコンは必需品。オンライン面接に使える機能を兼ね備えたパソコンを用意しよう。

オンライン面接では「カメラの位置」に注意！

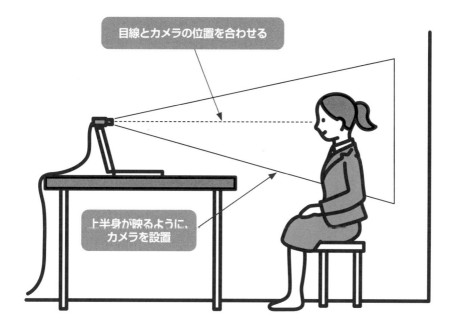

目線とカメラの位置を合わせる

上半身が映るように、カメラを設置

オンライン面接で大切なのは、「自分の目の高さ」と「カメラの高さ」を同じにすることです。ノートPCの内蔵カメラは、カメラの位置が自分の目よりも低い場所になるため、画面越しに相手を「上から目線」で見ることになってしまいます。PCの下に雑誌などを置いて、カメラをデスクに座った自分の目線と同じか、少し高い位置に調整しましょう。

◦ ☑ CHECK

オンライン面接ではもちろん、動画選考でも「目線」が大事。オンライン面接では面接担当者が映っているけれど、動画選考は画面に相手が映っていないため、目線が泳ぎがちになる。カメラを見ながら自己PRをするように心がけ、注意力散漫な印象を与えないように気をつけよう。

❷ オンライン面接の準備②
機材 マイク付きイヤホン、ヘッドセット

▶️ マイク付きイヤホンやヘッドセットは使用OK？

　「オンライン面接のときに、マイク付きイヤホンを使ってもいいのでしょうか？」「ヘッドセットでも大丈夫ですか？」、就活生からよくこのような質問を受けます。もちろん、大丈夫です。

　パソコンにマイクが内蔵されていれば、オンライン面接は問題なく受けることができます。マイク付きイヤホンやヘッドセットが絶対に必要なわけではありませんが、オンライン面接はお互いの声がちゃんと聞こえることが重要です。面接担当者の声がクリアに聞こえれば、質問を聞き返したりすることなく、面接をスムーズに進行できます。

▶️ 事前テストは必須。動作確認も怠らずに

　マイク付きイヤホンやヘッドセットを使うと、周りの音が聞こえにくくなります。周囲に雑音がある状態でオンライン面接を受けなくてはいけない場合には、非常に便利です。自分の声も、面接担当者の声も聞こえやすくなり、ビデオ通話がより快適になります。

　ただし、事前テストは必要です。製品によっては雑音が入りやすかったり、声が聞こえにくかったりする場合があります。オンライン面接の前に、友だちとビデオ通話をするなどして動作確認をしておきましょう。

> **POINT**
> マイク付きイヤホンやヘッドセットは、オンライン面接をより快適に受けることができるツール。ただし、使用する際には事前テストが必要。

マイク付きイヤホン・ヘッドセットの選び方

●マイク付きイヤホン（有線タイプ）

　有線タイプのマイク付きイヤホンを購入する際には、マイクの位置に注意しましょう。口から遠い位置にマイクがあると、服にマイクが擦れて、ノイズが発生する場合があります。マイクが口元に近い位置のものを選ぶといいでしょう。

●マイク付きイヤホン（フルワイヤレスタイプ）

　フルワイヤレスタイプのマイク付きイヤホンは、使用する機器によって無線通信の規格に合っていない場合があります。また低価格の製品は、音質やマイク性能が低く、接続の安定性に欠ける場合も。有線イヤホンよりも「ちゃんと使えるか」に留意して購入しましょう。

●ヘッドセット

　ヘッドセットは、相手の声がしっかりと聞き取れるかどうか、マイクの機能面を確認することが大事です。周囲の雑音をシャットアウトするノイズキャンセリング機能や、一定角度の音を拾う単一指向性のマイクが付いているものを選ぶといいでしょう。装着感をチェックするのも大事なポイントです。

☑ CHECK

　ヘッドセットは、装着すると髪が乱れてしまう場合がある。また、長時間使用すると耳が痛くなる場合も。見た目と装着感、どちらも考慮して、自分に合ったものを選ぼう。

オンライン面接の準備③
機材▶ リングライト

▶ カメラの近くにライトを置き、自分の顔を明るく映そう

オンライン面接では、画像と音声が選考に大きな影響を与えます。カメラ映りは最も大事です。画面に映る自分が暗いと、面接担当者に暗い印象を与えてしまうことになりかねません。

明るく元気な印象をアピールするためには照明を上手に利用すると良いでしょう。パソコンのカメラ付近にライトを設置すると、自分の顔がとても明るく映り、印象が良くなります。就活を経験した先輩たちがいろいろ試した中で、いちばん手頃でおすすめなのは、リングライトです。

▶ リングライトは、顔全体を自然に明るく照らせる

リングライトとは、円型に LED ライトを配置した動画や写真の撮影に使用される照明器具です。自撮りやオンライン飲み会にも使えることで知られていますが、オンライン面接でも多くの学生が活用しています。

照明は一方向から強い光を当てると、顔に影ができたり、テカッたりしてしまいますが、リングライトは顔全体を自然に明るく照らすことができます。家電量販店などでも販売されているので値段も手頃です。

オンライン面接は、いかに印象良く映るかも重要なポイントです。照明にも気を配って、できるだけ良い印象を与えましょう。

POINT

オンライン面接では、自分が画面に暗く映るとマイナスの印象を与えてしまう。リングライトなどを使い、明るく元気に見えるように照明も工夫しよう。

オンライン面接の照明で大事な４つのポイント

①リングライトで顔全体を明るく照らす

パソコンのカメラの近くにリングライトを置いて、顔全体を明るく照らしましょう。画面映りが格段に良くなり、面接担当者に好印象を与えることができます。

②顔に影ができない場所を選ぶ

オンライン面接や動画選考の撮影をするときは、できるだけ顔に影ができない場所を選びましょう。窓から強い自然光が入る場合は、反対側にライトを置くと顔に影ができません。照明の位置もひと工夫しましょう。

③逆光に要注意

オンライン面接や動画撮影に不慣れなうちは、自分が思っている以上にカメラ映りが暗くなっていることがあります。逆光で撮影すると表情はおろか、顔さえ見えない残念な結果になることも。逆光には要注意です。

④顔の真下に白いものを置く

イスに座った状態で顔の真下に当たる膝の上などに白い紙や白いハンカチを広げておくと、レフ板（撮影の被写体に光を反射させる板）の機能を果たし、顔に明るい光が当たって影を緩和する効果があります。

☑ CHECK

オンライン就活が始まったころは、就活生の先輩たちも照明にまで気を配る余裕はなかった。しかし、徐々に「カメラ映りが暗い」「顔に影が映る」という欠点を解消するために、印象良く映る方法を模索するようになった。リングライトはそうした中で生まれたアイデア。ぜひ試してみよう！

④ 場所 静かな環境と無地の背景

▶️ 双方の声がちゃんと聞こえる静かな環境ですか？

　オンライン面接は、受ける場所も重要です。あなたと面接担当者がオンラインを通じてやりとりをするためには、静かな環境じゃないと、双方の声が聞こえなかったりします。

　オンライン面接は自宅で受ける学生がほとんどですが、家族がいて静かな環境にするのが難しい、周囲の音がうるさいといった場合には、大学内の静かな施設、レンタルスペース、ネットカフェなど、オンライン面接を受けられる、静かな環境を確保しておく必要があります。

▶️ 面接担当者に見られても大丈夫な部屋ですか？

　最近のパソコンのカメラは性能が良く、レンズも広く映像を撮れるようになったため、面接担当者に部屋の様子までも見られる可能性があります。部屋が散らかっているなどはもってのほかです。

　オンライン面接は、整理整頓された部屋できちんと受けたいものです。部屋を片づけるなど、環境を整えることが大切です。できれば無地の壁をバックにして、面接を受ける場所をセッティングしましょう。

　面接担当者は、背景に映っているものから、あなたのことを想像します。私物が背景に映る場合は、移動させたり、布などで隠しておきましょう。

POINT

オンライン面接を受ける場所を準備することも大事。双方の声がちゃんと聞こえる静かな環境と、無地の背景をセッティングしておこう。

自宅でオンライン面接を受ける場合の4つのチェックポイント

☐ ①外の音は うるさく ないか？	最近はデバイスの性能が優れているので、遠くの音も意外と拾います。クルマや電車、飛行機などの音が大きいと、自分の声も相手の声も聞こえなくなったりします。窓を閉めた状態で周囲の音をチェックしましょう。
☐ ②家の中は うるさく ないか？	家の中で誰かがテレビを見ていたりすると、面接担当者に聞こえる場合があります。家族や同居人がいる場合は、面接の予定を事前に伝えて、静かにしてもらったり、途中で声をかけないようにお願いしましょう。
☐ ③無地の壁は あるか？	家の中に白っぽい無地の壁があれば、オンライン面接を受ける場所としては理想的です。その前でオンライン面接を受けられるように、パソコンやデスクなどを設置するといいでしょう。
☐ ④背景に私物が 映らないか？	ベッドや家具、洋服やポスターなど、私生活の様子が映ってしまう場所は避けましょう。布などで隠してしまう方法もあります。相手の面接担当者が面接に集中できるような環境づくりをしておきましょう。

☑ CHECK

部屋の環境を整えるのが難しい場合、バーチャル背景を使う方法もある。バーチャル背景とは、背景に画像を使用できる機能のこと。ただし、古いパソコンだと、白っぽい背景でないとバーチャル背景が使えない場合があるので注意が必要。

場所 通信環境を整える

▶️ インターネット接続がスムーズな場所を選ぶ

　オンライン面接で何より重要なのは、インターネット接続がスムーズな場所を選ぶことです。私はこれまで多くのオンライン面接を見てきましたが、接続がうまくいかず、30分程度の面接でも何度も通信が途切れ、面接担当者がイライラする場面を多々見てきました。

　オンライン集団面接やグループディスカッションでも、1人だけ接続が悪く、ほかの人を待たせ、気まずくなるような場面が多くありました。

　通信環境を整えるのは、最も大事なことだと認識しておきましょう。

▶️ 無料のWi-Fiスポットや電波が弱い環境は要注意！

　面接の途中で、急に音声が聞こえなくなったり、映像がフリーズしたり、カクカクすると、あなたの印象にマイナスに作用してしまいます。

　自宅やオンライン面接を行う場所のインターネット環境をあらかじめ確認しておくことが重要です。おすすめなのは、有線LANケーブルでインターネットに接続できる場所。そうでない場合は、ルーターの近くやWi-Fi電波が常に強い場所を探しておきましょう。

　無料のWi-Fiスポットや電波が弱い環境は要注意です。オンライン面接の前に、インターネット接続の安定性を必ず確かめておきましょう。

> **POINT**
>
> 有線LANケーブルでインターネット接続できる場所、ルーターの近く、Wi-Fi電波が常に強い場所など、通信環境が良い場所を探しておこう。

インターネット接続のチェック 3つのポイント

　自宅や大学でオンライン面接を受ける場合は、以下の点に注意しましょう。通信が切れるとパニックになる学生も多く、その後の面接を落ち着いて受けられなくなってしまいます。

1　速度は安定しているか？

　回線事業者が提示しているインターネットの通信速度は、あくまでも最大限のスピードです。実際の通信速度は、通信環境によって大きく変化し、使用している回線が混み合えば通信速度は遅くなります。提示された最高速度だけでなく、速度が安定しているかもチェックしましょう。

2　必要な通信速度は？

　オンライン面接で使用されるシステムの多くは、参加者のネットワークに基づいているため、自動的に最適化されています。安定的に数 Mbps 程度の速度があれば安心できます。

　たとえば、Skype の場合、推奨速度は、高品質のビデオ通話では上り下りとも 500Kbps、ハイビジョンのビデオ通話では 1.5Mbps です。また、Zoom の場合は、それぞれ 600Kbps、1.2Mbps となっています。

3　通信速度の判定方法は？

　パソコンの場合、通信速度の測定は専用サイトで簡単にできます。「通信速度測定」などでキーワード検索すれば、無料で測定できるサイトが見つかります。スマホの場合も同様に検索すれば、専用アプリが見つかります。実際の面接時間に合わせて、何度か測定しておきましょう。

☑ CHECK

　オンライン面接では、通信が途切れることが本当に多くある。通信環境に不備があると面接がスムーズに進まず、面接担当者に良い印象を与えることができない。通信環境は慎重にチェックしておこう。

⑥ 手元にメモと エントリーシートは必須

▶️ オンライン面接だから手元にメモを置いておける

　オンライン面接では、手元にメモと筆記用具、エントリーシートを置いておくことが重要です。対面式の面接では、メモを見ながら話すことはできませんが、オンライン面接では、手元に必要事項を書いたメモを置いておくことが可能です。伝えたいこと、気をつけたいことなどを付箋に書いておくと、質問に答えやすくて便利です。

　オンライン面接では、メモを見たり、メモを取るために目線を外すのは、マイナスにはなりません。必ず用意して、面接に活用しましょう。

▶️ 提出したエントリーシートは、必ず準備しておこう

　提出したエントリーシートも、絶対に用意しておきましょう。オンライン面接では、提出したエントリーシートをもとに面接が進められるケースが多いです。面接の前に、提出したエントリーシートの内容を必ず確認し、内容を深掘りされてもブレがないように、説得力のあるアピールや説明ができるように準備しておきましょう。

　就活ノートやスケジュール帳も揃えておきましょう。面接終了後に次の選考日時を伝えられるケースがあるので、すぐにスケジュールを確認できるようにしておくとスムーズに回答できます。

> **POINT**
>
> 就活ノートやエントリーシートを手元に置いておけるのは、オンライン面接ならではの強み。大事なポイントをメモして面接に活用しよう。

こんな場面でも、メモや就活ノートが役立つ！

○○株式会社　　志望度 ☆☆☆

No.
Date ．．

会社について
・海外からの輸入業務がメイン
・従業員数 312 名　資本金 2 億
・3 年以内の離職率　2.5%
・ボーナスは年 2 回
・ユニークな商品の発掘が上手
・売上高　20××年 3 月　132 億
・女性の産休取得後の復帰率　98%
・完全週休 2 日制

求める人材
・自ら考え積極的に行動できる人
・外国語のスキルをもつ人。もしくは、学ぶ意欲の高い人

一次面接内容
質問①　自分の長所
　　→目標に向かって、積極的に行動できること
質問②　大学で学んだこと
　　→留学経験、英語力をアピールできた

　面接担当者にも、オンライン面接に慣れていない人は多くいます。一問一答なら質問にも答えやすいのですが、中には「今から3つ質問します」といって、脈絡のない質問を一度にしてくるケースがあります。そうなると、学生も緊張していますし、質問も覚えきれません。

　そんな場面でも、手元にメモがあれば、質問を書き留め、落ち着いて回答することができます。手元に就活ノートを用意しておけば、あらかじめ考えていた回答をすることも可能です。

　こんなときのためにも、自己分析や自己 PR、スケジュール管理など、あらゆるメモを一冊にまとめた就活ノートをつくっておくと便利なのです。

☑ CHECK

スマホでもメモはできるが、面接中にスマホでメモをとるとマイナスの印象を与える場合がある。スケジュール確認もすぐにはしづらいので、就活ノートを用意し手元に置いておくように。

オンライン面接のマナー①
身だしなみ

📹 清潔感のある、好感度の高い身だしなみを意識する

オンライン面接は、挨拶、態度、姿勢など、対面と同じように気を配ることが重要です。自宅だからといって、カジュアルな私服や部屋着で面接に臨むのは NG。身だしなみも対面面接と同じように整えましょう。オンライン面接は、第一印象が特に大切です。画面越しだからこそ、映像に映った少ない情報ですべてが決まります。

自宅であっても、清潔感のある好感度の高い身だしなみを意識しましょう。服装は、対面面接と同じようにスーツがおすすめです。

📹 画面越しだからこそ、表情がしっかり見えるヘアスタイル

ヘアスタイルは、表情がしっかり見えるよう、顔に髪がかからないように注意しましょう。特にフェイスラインにかかる髪は、画面を通すと余計に好感度を下げる要因になりかねませんので気をつけてください。

メイクをするときは、画面上でも明るく映るようなメイクを心がけましょう。顔色を明るく見せたいなら、ピンク系かレッド系の口紅やチークを適度につけるのがおすすめです。

また、前髪や寝ぐせに注意し、髭なども整えて面接に臨みましょう。ネクタイを結ぶ場合は、きちんと締めているか、曲がっていないかなどをチェックすることも忘れずに。

> **POINT**
>
> オンライン面接であっても、対面式の面接と同じように清潔感のある好感度の高い身だしなみを意識する。服装はスーツがおすすめ。

オンライン面接ならではの悲劇も…！

　自宅で受けるオンライン面接であっても、全身の身なりを整えることは大事です。「カメラフレームは胸から上だけだから、シャツとジャケットさえ着ていればいいだろう」と判断するのは、非常に危険です。

　面接の最中に、資料の提示などを求められて、部屋の中を移動するときに全身が見えてしまうケースもあります。「画面越しの面接だから下半身は見えないだろう」と上半身だけ身なりを整えていると、何かの拍子に映り込んでしまうことがあるので要注意です。

オンライン面接の身だしなみは、スーツが基本。ただし、インターンシップ期間など、必ずしもスーツを着用しなくても問題にならない場合もあります。あらかじめ企業の方に確認しておきましょう。

⑧ 前日までにやるべきこと

▶️ 通信環境は正常か、前日までに双方向でチェック

オンラインであっても、対面であっても、面接は事前の準備が非常に重要です。当日の朝にバタバタしていると、心の乱れにつながります。たとえ面接の時間が午後以降だとしても、前夜のうちに済ませましょう。

面接で伝えたいこと、志望企業の下調べ、スーツやシャツなど身なりの手入れはもちろん、オンライン面接の場合は、通信環境の確認が重要です。発信と受信、どちらも映像や音声が正常な状態かどうか、面接の前日までに双方向でチェックしておきましょう。

▶️ 面接に焦りは禁物、前日までに充電も

パソコンやスマホなど、オンライン面接で使用するデバイスの充電確認も重要です。面接の最中にデバイスの充電がわずかになってしまうと、気持ちが焦って、面接に集中できなくなります。

面接のやりとりに焦りは禁物です。面接開始の直前にデバイスの確認をしても、準備不足で気持ちに余裕がなくなってしまいます。ましてや充電も十分でなかったら、ますます不安になります。

面接に集中するためにも、早めの環境設定を心がけましょう。「事前の準備も評価の対象になる」という心持ちが大切です。

> **POINT**
> 面接の準備は、当日ではなく、前日までに済ませておこう。オンライン面接の場合、通信環境の確認や、デバイスの充電が特に重要。

前日までに準備すべきチェックリスト

必携ツール

☐ オンライン面接を受ける企業の URL

☐ エントリーシート

☐ 就活ノート、スケジュール帳、筆記用具

☐ 通信環境の確認

☐ パソコン、スマホなどの充電

☐ スーツやシャツなど、身だしなみの手入れ

気持ちの準備

☐ 面接で伝えたいことは整理できているか

☐ 志望企業の下調べは済んでいるか

☐ 明日のスケジュールは余裕をもって立てているか

☐ 家族や同居人に面接の予定は伝えているか

☐ 部屋の片づけは済んでいるか

☐ 企業からメールや留守電に何か連絡は入っていないか

☑ CHECK

忘れ物などで面接前に心を乱し、用意してきた受け答えすら忘れてしまうのは面接の現場ではよくあること。オンライン面接でもそれは一緒。通信環境の確認やデバイスの充電など、前日までにしっかり準備しておこう。

面接中の注意点

▶️ 画面越しの対話では、笑顔・身振り・うなずきが大事

オンライン面接は、どうしても直接会って話をするよりも感情が伝わりにくいため、自分のことを、短い時間で、簡潔に、相手にわかりやすく伝える工夫も余計にしなければいけません。

そのためにはやはり言葉だけでは不十分で、表情や態度、うなずきなどでより視覚に訴えると伝わりやすくなります。

効果的なのは、①画面に映る面接担当者でなく、カメラを見て話す、②明るい表情や笑顔を心がける、③相手の話を聞くときは大きくうなずき理解しているサインを送る、などです。

▶️ 話すスピードと声の大きさにも要注意

話すスピードも重要です。緊張すると早口になりがちなので、少しゆっくり話す意識をもち、声も普段より大きめに出してみましょう。

ただ、画面越しだと、どのくらいの声量が適当なのかつかみにくいものです。不安なことがあれば、「画面や声の届き方に問題ないでしょうか?」と、面接の最初に確認すると良いでしょう。

キーボードを叩く音やスマホの通知音なども意外と相手に聞こえています。面接担当者が不快な思いをする場合もあるので要注意です。

> **POINT**
>
> 感情が伝わりにくいオンライン面接では、笑顔、身振り・手振り、うなずきといったアクションが重要。話すスピードや声の大きさなどにも注意しよう。

意外と気づかない！オンライン面接の注意事項

　オンライン面接では、対面とは異なる、さまざまな注意点があります。面接中は、以下のポイントを注意するように心がけましょう。

☐	①少しオーバーな明るい表情やリアクションでちょうどいい	少しオーバーかなと思うくらいの明るい表情やリアクションを意識しましょう。画面越しだと、それくらいでちょうどいいことが多いです。
☐	②面接担当者ではなく、カメラを見て話す	画面越しの対話は、対面式の面接とは異なります。画面に映る面接担当者ではなく、カメラを見て話しましょう。
☐	③声は普段よりも大きめに、ゆっくり話す	画面越しの対話では、声が聞こえにくいことが起こります。普段より少し大きめで、ゆっくり話す意識をもちましょう。
☐	④不安なことは、最初に確認する	声が大きすぎても、相手が不快に思う場合があります。最初に「声の届き方は問題ないでしょうか？」と確認すると良いでしょう。
☐	⑤メモはキーボードではなく、ノートに	キーボードのタイプ音は、意外と大きく響き、画面越しに相手にも聞こえています。メモを取るときは、就活ノートなどに書き留めましょう。
☐	⑥スマホの通知音、SNSのアラームなどの電子音に注意	パソコンやスマホの通知音にも要注意です。SNSなどは通知の設定をOFFにし、アラームなどの電子音が鳴らないように気をつけましょう。

　スマホなどの通知音は「これくらい大丈夫だろう」と思っていたら、実は面接担当者が不快な思いをしていた、ということが少なくないです。面接中に余計な音がしないように、事前に設定を変えておきましょう。

時間管理ができるように
しておこう

▶️ 面接開始10分前に準備完了。指定時間に遅れない

　対面式の面接に関するミスで意外と多いのは、面接会場に着くまでに道に迷い、遅刻して印象を悪くしたり、面接が受けられなくなったりすることです。オンライン面接においても、時間管理は重要です。

　指定時間に遅れないように、オンライン面接が始まる10分前には、すべての準備を整え、パソコンの前にスタンバイしておきましょう。

　通話のために企業から発行されたURL、通信状態、スマホの通知音の設定なども再確認し、余裕をもって面接を受けることが大切です。

▶️ 開始2秒前から微笑み、回答は45秒を目安に

　オンライン面接は、第一印象が大切です。面接開始の際は、2秒前から微笑み、笑顔で面接担当者と対面するように心がけましょう。

　オンライン面接は、対面よりも印象が薄くなりがちです。自分の言葉が相手の頭にしっかり残るよう、短く簡潔に伝えることも重要です。

　1つの質問に対する回答は、45秒を目安にしましょう。それ以上話すと余分な話が多くなり、長い印象を与えます。45秒は、文字にすると300字程度。事前に書いて確認し、時間の感覚をつかんでおきましょう。

　終了時も、2秒後まで微笑み、笑顔の印象が残るように心がけましょう。

POINT

面接開始の10分前にはスタンバイ。2秒前から微笑み、笑顔で面接をスタート。回答は45秒を目安に。終了時も2秒後まで笑顔をキープ。

面接の始まりから終わりまでの重要ポイント

　オンライン面接は、以下のような流れで行われます。全体の流れを把握し、時間管理や大事なポイントをイメージしておきましょう。

① 指定時間に遅れないよう、面接開始10分前にはスタンバイ。

② 開始2秒前から微笑む。

③ 回線がつながったら、笑顔で元気よく挨拶する。

④ 不安なことがあれば、早い段階で面接担当者に尋ねる。「声の届き方に問題はないですか？」など。

⑤ 「学校・学部名・氏名（フルネーム）」で自己紹介する。

⑥ 回答は短い言葉にまとめ、45秒を目安にする（300字程度）。

⑦ キーワードとなる言葉は、丁寧に強調する。

⑧ 最後のお礼の挨拶は、心を込めて丁寧に。

⑨ 面接担当者が回線を切るまで笑顔を忘れずに。

⑩ 指示がない限り自分から切らず、終了2秒後まで微笑む。

☑ CHECK

　個人面接でも集団面接のグループディスカッションの場合などでも、時間を意識することが大切。デバイスの時計だけに頼らず、オンライン面接を受けるPCやスマホの横に時計を準備しておくといい。

⑪ Web カメラ上の映り方を事前チェックしておこう

📹 画面にバランスよく映っているか、面接前に確認しておこう

映像に映っている姿は、自分が考えているイメージとは大きく異なっていることが少なくありません。オンライン面接の前に、Web カメラ上の映り方を友人や家族にチェックしてもらいましょう。また、映像を録画して自分自身でも確認すると良いです。

画面に映るのは、胸から上です。画面にバランスよく映っているか、目線は正面を向いているか、照明は暗くないかなど、確認すべき点は多くあります。ライトの使い方などにも注意しましょう。

📹 鏡を見ながら表情を豊かにする練習を

画面を通じての面接は直接会って話をするよりもコミュニケーションがとりづらく、ときには面接担当者に誤解を与えてしまうことがあります。特に気をつけたいのは、表情です。自分では笑顔のつもりでも、相手に冷たい印象や元気のない印象をもたれることがあるので要注意です。

映像を見て表情が硬いと感じたら、普段から口角を上げ、自然な笑顔を心がけるように。鏡を見ながら表情を豊かにする練習をするのも効果的です。

声量も、大きすぎると音が割れてしまい、小さすぎるとマイクが拾ってくれません。適切な声の大きさもチェックしておきましょう。

POINT

画面の映り方を友人や家族に見てもらい、事前に改善点をチェック。映像の中の位置、表情、照明、声量など、さまざまな角度から確認しよう。

ここに注意！オンライン画面の映り方チェックリスト

☐ 画面にバランスよく映っているか？　☐ ちゃんと笑顔に見えているか？

☐ 上から目線になっていないか？　☐ 声の大きさは適切か？

☐ 照明は暗くないか？　☐ 背景はすっきりしているか？

☐ 顔に影はできていないか？

　上記のポイントで問題があったら、デバイスとの距離、カメラの高さの調整、ライトの向き、表情や声の出し方の練習、面接を受ける場所の変更、部屋の片づけなどが必要です。事前に確認して、対策を練りましょう。

☑ CHECK

画面の映り方で特に注意してほしいのは、部屋の明るさ。明るさは天候や時間帯によっても異なる。できれば異なる天候や時間帯でも試してみて、ライトの向きを調整したり、ライトの種類も考え直してみよう。

⑫ 本番を想定した模擬面接を実践しておく

▶️ タイムラグのあるオンライン会話の感覚をつかむ

オンラインの会話には、タイムラグが生じます。通信環境によっては、自分が話してから相手に聞こえるまで5秒以上かかることもあります。このタイムラグの感覚を、事前につかんでおくことが大切です。

オンラインでのコミュニケーションに慣れておくためにも、オンライン面接を模擬面接形式で練習しておきましょう。大学では、キャリアセンターで模擬試験が受けられるケースもあり、客観的なアドバイスもしてくれます。こうした有効な手立てを活用するのが、内定への近道です。

▶️ 自分のことを「言葉」で表現できているかチェック

オンライン面接は、対面よりも伝わる情報に限りがあるため、自分のことを「言葉」で表現できているかが重要なポイントになります。

模擬面接で、「君らしさが伝わってきた」という言葉をもらえるように答え方を考えてみてください。面接後に「私の話を聞いていて、どんな人間だと思いました？」と聞き、その答えが自己分析と近い感想であれば、自分のことが言葉でしっかり伝えられています。

しかし、それがズレていた場合は、自己分析と自己PRを考え直す必要があります。事前に確認して、オンライン面接本番に備えましょう。

> **POINT**
>
> オンライン面接に慣れるためにも模擬面接は重要。タイムラグのある会話の感覚をつかみ、自分のことを言葉で表現できているかを確認しよう。

模擬面接のチェックポイント： 「私をどんな人間だと思いました？」

「うーん、よくわからなかったなぁ」

「先生、私をどんな人間だと思いました？」

　面接とは、自分はどんな人間かを伝える場です。たとえば、自己 PR で「私は責任感のある人間です」とアピールして、それが相手に伝われば、正しく自己分析ができています。しかし、話に説得力がなければ、相手に伝わらず、残念な結果が待っています。模擬面接では、自分がアピールしたい人物像と、相手の感想が一致するかを確認してみましょう。

　自己分析ができるかどうかで内定が取れるかどうかが決まる。私は常に学生にそう伝えています。模擬面接は、正しく自己分析ができているかの確認が重要です。自己分析については、第4章で詳しく解説しています。

—{ コラム }—

面接のポイントは「本来の自分を出せるか」

「本来の自分が伝え切れていない学生」は何度も面接がある

　オンライン面接は、学生の本質が見極めにくいため、企業も内定を出すのに苦慮しています。「どうなんだろう？」と思う学生には、簡単には内定を出してくれません。企業が納得いくまで面接を繰り返します。

　特に「本来の自分が伝え切れていない学生」は、企業から見てもつかみきれないところがあるので、何回も何回も面接をしています。8回、9回でも終わらず、10回以上というケースもありました。

　オンライン面接は録画ができるので、面接担当者以外の人も見ることができます。面接担当者は「この学生いいな、内定を出せるな」と思っていても、ほかの人事担当者から「ちょっと違うんじゃないか」と意見が出て、内定が取れなかったケースも数多くあります。

　私が主宰する就職塾でも、面接担当者から「あなたと一緒に働きたい」とまでいわれたのに、結局、お祈りメールが来た学生がいました。

対面であっても、オンラインであっても、就活の本質は変わらない

　しかし、オンライン面接になっても、画面越しの対話で、自分のことをしっかりと伝えられた学生に関しては、面接の回数は増えていません。

　対面であっても、オンラインであっても、就活の本質は変わりません。就活とは「等身大の自分」を表現する場です。

　「私なんて…」「自分に自信がもてません」。毎年、多くの学生がこんな言葉を口にしますが、それは就活を誤解しています。就活というのは、何か特別なことを競い合う場ではなく、等身大の自分を表現して、企業に対して自分がどういう人間であるかを理解してもらう場です。

　その本質が理解できれば、内定に大きく近づきます。たしかにオンライン面接は、対面よりも「本来の自分」が出しにくいです。

　でも自己分析を深め、自分のことを言葉で表現できるようになり、オンラインならではのマナーを守れば、必ず良い結果が出せます。大事なことは、本書ですべてお伝えします。オンラインの壁を突破しましょう。

第3章

オンライン面接の
基本と極意

オンライン面接も対面面接も「自分をアピールする」という点は同じです。しかし、曖昧なエピソードや要領を得ない回答をしていると、面接担当者から高評価を得ることはできません。さらに、オンライン面接では、より表情やリアクションが大事になります。本章を通じて、面接時における基本的なコミュニケーションスキルを学びましょう。

❶ 面接は企業との コミュニケーション

▶️ 面接とは、あなたと企業との会話のキャッチボール

　私たちは人に会うと、肌でいろいろ感じることがあります。その人がどんな人なのか、さまざまなイメージがわきます。オンラインでは、そんな肌感覚をつかむことが難しく、コミュニケーションも取りにくくなります。

　しかし、対面であっても、オンラインであっても、面接の本質は変わりません。面接とは、あなたと企業のコミュニケーションです。そのためには、会話のキャッチボールが必要になります。コミュニケーションが取りにくいオンライン面接だからこそ、それがより重視されます。

▶️ 偽ることなく、等身大の自分を伝える

　企業とコミュニケーションを深めるためには、偽ることなく、等身大の自分を伝えていかなければ、会話は成り立ちません。自分を偽っていると、必ず矛盾が生じ、相手の理解も得られなくなります。

　では、等身大の自分とは、どんな自分なのでしょうか。自分のことを、自分が理解していなければ、相手に理解してもらうこともできません。就活で最も重要なのは、この「等身大の自分」を知り、それを言葉にすることです。自分で自分のことを理解する。それがコミュニケーションの取りにくいオンライン面接を突破する第一歩であり、最大の鍵です。

> **POINT**
>
> 面接とはコミュニケーション。会話のキャッチボールをするためには、自分で自分のことを理解し、等身大の自分を伝えていくことが大切。

オンライン面接を突破する重要ポイント： 「自分で自分のことを理解する」

私は何がしたい？

私のもってるスキルや経験は？

私が大事にしていることは何？

私はどんな生活を送りたい？

　面接担当者に自分のことを理解してもらうためには、まずは自分で自分のことを理解しなければいけません。自分自身について詳しく理解したうえで面接に挑むことで、より深い質問にも答えていくことができるわけです。そのために必要なのは、自己分析です。自己分析を繰り返し、等身大の自分を理解し、自分の良さや特徴など、自己PRに使えるものを見つけていきましょう。

☑ CHECK

オンライン面接におけるコミュニケーション力を上げるためには、話す、聞くだけでなく、相手の話や質問の意図を理解するといった読む力も必要。自己分析で自分のことを話せる力を磨き、説明会や質問会、OB・OG訪問で聞く力を、業界研究・企業研究で読む力を養い、面接に向けてコミュニケーション力を高めていこう。

② 面接担当者の質問の意図を理解しよう

▶ そもそも「面接とは何か」を考えることが大切

　企業側からすると面接とは、「この学生がどんな特徴をもった人間か」「入社したらどんな活躍をしてくれるのか」を確認する場です。面接担当者は、ただ質問しているわけではなく、面接を通してエントリーシートや筆記試験だけではわからない、あなたの人間性を見ようとしているのです。

　そこで大切なのは、自分がどんな特徴や良さをもった人間であるかを伝えること。ただ質問に答えるだけでなく、話し方、表情、声の大きさやトーンも含めて、自分らしさをアピールしなくてはいけません。

▶ 面接とは「聞かれたことを答える場」ではない

　面接を「聞かれたことを答える場」と考えている学生が多いのですが、そうではありません。面接は、面接担当者に「自分はどんな人間なのか」を伝える場です。だからこそ、聞かれた質問にただ答えるだけでなく、どんな質問に対しても「自分はどんな人間なのか」が伝わるように答えることが、面接における最も大事なポイントです。

　オンライン面接は、対面よりも質問がより深く掘り下げられる傾向がありますが、この原則を知っていれば問題ありません。予想外の質問をされても、その回答を通じて自分の良さや特徴をアピールしましょう。

> **POINT**
> 面接とは、企業が学生の話を通じて「どんな人間なのか」を確認する場。どんな質問に対しても「自分がどんな人間なのか」が伝わる回答をしよう。

面接によくあるNG回答とOK回答

 「あなたの趣味は何ですか？」

この学生は、
何がどんな理由で
好きなんだろう

NG回答 ➡ 「スポーツ観戦です」

　面接を「聞かれたことを答える場」と考えている学生は、上記のような回答をしてしまいます。でもこれでは面接担当者の意図を汲んでいるとはいえません。面接担当者が本当に知りたいのは、あなたの趣味ではなく、「あなたがどんな人間なのか」です。どのような質問においても、それは一緒です。重要なのは、質問に対する回答を通じて、自分の良さや特徴をアピールすること。質問には以下のように答えましょう。

OK回答 ➡ 「はい、スポーツ観戦です。私自身も中学から9年間サッカーに打ち込んできて、苦しい日々を乗り越えてこそ、達成感や充実感を味わえるものだと知っているので、スポーツを見ると共感する点が多いです」

◦ ☑ CHECK

「面接とは、自分がどんな人間かを伝える場」と理解できていれば、趣味の質問であっても、自分の良さや特徴をアピールできる。これは、どんな質問に対しても同じ。どのような質問をされても、その回答を通じて、どんどん自分の良さや特徴をアピールしていこう。

③ 質問に対して一貫性のある回答をしよう

▶️ オンライン面接では1つの質問を深掘りされる

オンライン面接は対面面接と違い、伝わる情報が限られることがあります。そのため面接担当者は、あなたのことをよく知るために、いくつもの質問をしたり、1つの質問に対して深掘りをする傾向があります。

いくつもの質問や深掘りをされた際、自分で自分のことが理解できていないと、回答に矛盾が生じます。面接担当者の質問に対して思いつきで答えていると一貫性のない回答になり、面接担当者は、あなたがどのような人間なのか、どんな良さや特徴があるのかわからなくなります。

▶️ 質問は入口はたくさんでも、出口はたった1つ

面接には、たくさんの入口があります。入口とは、面接担当者の質問です。質問には、「学生時代に打ち込んだことは？」や「当社を志望する動機は？」などのオーソドックスなものから、「あなたを動物にたとえると？」「おすすめの本は？」といった変化球的な質問まで、その種類は人の数だけあります。しかし、回答の出口はたった1つです。

出口とは、「自分がどんな人間なのか」を伝えること。どんな質問をされても、自分の良さや特徴を答える。そうすれば、矛盾のない一貫性のある回答になり、あなたがどんな人間なのかが面接担当者にも伝わります。

> **POINT**
>
> 回答の出口は、たった1つ。どんなに多くの質問や深掘りをされても「自分はどんな人間なのか」を理解していれば、回答に一貫性が生まれる。

オンライン面接を突破する重要ポイント：「出口はたった1つ」

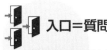 入口＝質問

「学生時代に打ち込んだことは？」　「あなたを動物にたとえると何ですか？」

「当社を志望する理由は？」　「おすすめの本は？」

「自分の弱点は何だと思いますか？」　「最近、嬉しかったことは？」

「今までで一番苦労したことは？」　「最近、気になるニュースは何ですか？」

 出口＝回答

「自分はどんな人間なのか」

　面接担当者の質問は、実は切り口を変えているだけで、知りたいことはたった1つです。それは「あなたがどんな人間なのか」。責任感のある人間なのか、リーダーシップがある人間なのか、コツコツ頑張る人間なのかなど。面接で重要なのは、自分を表すこうしたキーワードを見つけることです。それができれば、どんな質問をされても、そのキーワードを軸に回答すればいいのです。あなたの「出口」は何かを考えてみましょう。

キーワードをピックアップ

● 責任感がある

● 積極的に行動できる

● 目標に向けて、計画的に物事を進めることができる

● 自分でやると決めたことは最後までやり通す

● 自分の役割を見つけ、行動ができる

● 目標を達成するために努力できる

　面接の質問に対する回答の出口はたった1つ。これは私が学生たちによくいう言葉です。面接担当者の質問＝「入口」は、何千、何万もの種類がありますが、あなたがどんな人間なのか＝「出口」は、たった1つだけ。そのキーワードさえ見つけることができれば、面接でどんな質問をされても何も困りません！

好印象を与える話し方①
自信をもって答えよう

🔲 自信がなさそうに話すことで、マイナスの印象に

オンライン面接は、対面面接とは異なり、雰囲気や人柄、表情が伝わりにくいので、より自信をもって臨むことが必要になります。自信がなさそうに話すことで、マイナスの印象を与えてしまうことがあるからです。

小さな声で話す、うつむいて話す、視線が泳いでいる…。こうした態度は、自信がないように見られます。画面越しの対話だからこそ、明るく、元気よく、ハキハキと話しながら、堂々とした態度で面接に臨むことが、より重要になってきます。

🔲 特別な経験、すごい経験なんて、誰もしていない

自己分析や自己PRの相談を受けると、多くの学生が「人に自慢できるような特別な経験がありません」「すごい経験なんてありません」と、自信なさそうに話していますが、そんなことはまったく問題ありません。

内定を獲得する人は、特別な経験をもっているから採用されるわけではありません。特別な経験、すごい経験なんて、ほとんどの学生がしていません。そもそも企業も、そんなことを求めてはいません。

自分のことを理解し、きちんと「自分の良さや特徴」を伝えることができるから、採用されるのです。自信をもって面接に臨みましょう。

> **POINT**
>
> オンライン面接だからこそ、自信をもって答えることがより重要。明るく、元気よく、ハキハキと話し、堂々とした態度で面接に臨もう。

「企業が求める人物像」に合っていない場合は？

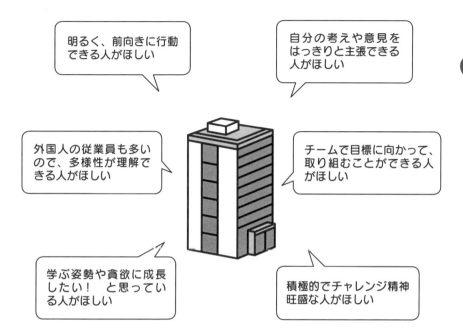

明るく、前向きに行動できる人がほしい

自分の考えや意見をはっきりと主張できる人がほしい

外国人の従業員も多いので、多様性が理解できる人がほしい

チームで目標に向かって、取り組むことができる人がほしい

学ぶ姿勢や貪欲に成長したい！　と思っている人がほしい

積極的でチャレンジ精神旺盛な人がほしい

　面接を受ける際に「企業が求める人物像」に自分を合わせようとする学生は少なくありません。しかし、これは大きな間違いです。本来の自分とは違う人物像に合わせて無理やり自己PRしても、その場しのぎの回答になり、すぐにボロが出ます。「企業が求める人物像」に合っていなくても、何も心配はいりません。企業が本当に求めているのは、「さまざまなタイプの人材」です。企業が求める人材に合わせるのではなく、等身大の自分を、自信をもってアピールすることこそが内定への近道です。

☑ CHECK

面接では、人と比べて自分をよく見せたり、企業が求める人物像に無理やり合わせたりする必要はない。大事なのは、自分の良さや特徴を自信をもって伝えること。企業によって、自己PRを変える必要もない。自分はどんな人間なのかを自信をもって話すことが結果的に高く評価されるはず。

好印象を与える話し方②
質問には 45 秒以内に答えよう

▶️ オンライン面接は双方にとって集中力が必要

オンライン面接では、学生と面接担当者、双方にとって特に集中力が必要です。だからこそ重要なのは、短い時間で簡潔に話すことです。長々と話すことで、あなたにとっては、自分が何を伝えたいのかがわからなくなります。反対に、それを聞く面接担当者にとっては、長々と話されると、相手が何を伝えたいのかが理解できなくなり、お互いに体力を消耗します。

オンライン面接で好印象を与えるコツは、1つの質問に対して要点をまとめ、45秒以内で話すように心がけることです。

▶️ 話を要約して伝えることが好印象を与える

質問に対しての45秒以内とは、文章にすると300字程度になります。これくらいの時間で話すと、面接担当者に理解してもらえる内容になります。これ以上長くなると要点がわかりにくくなり、あなたの話は印象に残らなくなってしまいます。

画面越しの対話では、話を要約して伝えることが極めて重要ですから、面接本番に向けて、頻出質問の回答を300字程度の文章にして、45秒以内で話せるように練習しましょう。そうすることで適度な長さを体が覚え、想定外の質問にあっても、45秒以内に答えられるようになります。

> **POINT**
>
> オンライン面接は対面面接よりもますます集中力が必要。1つの質問に対して45秒以内で話せば、面接担当者に好印象をもたれ、要点も伝わりやすい。

「45秒以内＝300字程度」とは、どれくらいの長さ？

　以下の文章は、ある学生が実際に面接で話した内容です。1つの質問に対する回答は、これくらいの長さを目安にして考えましょう。

――あなたの長所はどんなところですか？

はい。私の長所は、多くの人を巻き込んで、人と人を結びつけることができるコミュニケーション力です。それを強く認識したのは、大学2年生の夏に、北海道で農業ホームステイをしたときでした。どの農家の方も学生との接し方がわからない様子でしたので、私から先頭を切って農家の人たちに積極的に話しかけていきました。すると、次第にみんなが打ち解け、親しく話せるようになってきました。食事などに招待されたときも、そこにほかの学生も誘い、学生と農家の方々との絆が深まっていきました。このように人と人を結びつけることで、信頼関係を築くことができました。今後もこの長所を活かして、人と人をつなげていきたいと思います。

☑ CHECK

話を要約して短い時間で伝えるためには、ある程度のスキルが必要。繰り返し練習することによってそのスキルは自然に高まっていくようになる。理由や具体例を膨らませて、300字程度で回答する練習をしていこう。

⑥ 「結論→理由→具体例」の順で

▶️ 短時間でわかりやすく伝える「3つのステップ」

オンライン面接では、「結論→理由→具体例」の3つのステップで話をすることを心がけましょう。これが面接における回答の基本形です。この3つのステップで、45秒以内に話ができるようになれば、短い時間で要点をまとめ、わかりやすく相手に伝えることができます。

話が長い人は、「結論」「理由」「具体例」のどれかが堂々めぐりをしています。すると、面接担当者は「この学生はいったい何をいいたいんだろう?」と、話の本質がつかめなくなってしまいます。

▶️ 「結論→理由→具体例」の話し方を習得しよう

逆に、話があまりに短い人は「結論」しかなく、「理由」と「具体例」が欠落していることが多いです。たとえば、「あなたの趣味は何ですか」と質問されたときに「はい。スポーツ観戦です」で終わってしまうような人です。結論に対しての理由や具体例がないので、どういう人なのかが何も伝わらず、会話のキャッチボールにもなりません。

普段から「結論」→「理由」→「具体例」の順番で話すように心がけていれば、面接でも自然とこの話し方ができるようになります。就活のすべての場面で必要となる話法なので、ぜひとも習得しましょう。

POINT

「結論→理由→具体例」の3ステップは、オンライン面接では必須。この順番で話すことを繰り返し練習し、いつでも自然にできるようになろう。

練習用：自己PRシート

面接における自己PRは、「私は○○な人間です」という結論→理由→具体例の順番で話すと効果的です。面接で「私は○○な人間です」と自己PRするためには、その具体例となるエピソードが最低でも5つは必要です。それがパッと出てこないようであれば、自分を表すキーワードが間違っているということ。自己分析をし直して、自分はどんな人間なのかを改めて考えてみよう。

以下のシートを参考に「自分で決めたことは最後までやり通す」の具体例の部分に自分に当てはまる内容を考え、自己PRをつくってみましょう。

結　論　「私は自分で決めたことは最後までやり通す人間です」

理　由　「なぜ自分で決めたことは最後までやり通すといえるのか？」

具体例　「自分で決めたことは最後までやり通すという自分を表す
　　　　　5つのエピソード」

---

①
---
②
---
③
---
④
---
⑤

OK回答 ➡ 「中高の吹奏楽部の活動において、入部したときは初心者だったため、周りのレベルについていけなかったが、あきらめずに取り組むことで後輩に指導することもできるようになり、達成感を味わえた。」

そのほか、アルバイトの経験やゼミでの活動なども具体例として提示しやすい要素になります。

⑦ オンライン面接では、表情とアクションがより重要

▶️ 対面式と同じ意識ではオンラインでは合格できない

　対面式の面接では、自己分析や企業研究が十分できていて、それをきちんと伝えることができる学生は、ほぼ内定が取れています。しかし、オンライン面接では、それだけでは不十分です。

　オンライン面接で良い結果が出せるのは、「画面越しのコミュニケーションでは、どういう風に自分を表現しなくてはいけないのか」がわかっている学生です。オンライン上の対話は、普段よりテンションを上げて、表情もアクションも意識的にオーバーにすることを心がけてください。

▶️ 普段は落ち着いて見える人ほどテンションを上げて

　オンライン面接は対面面接と異なり、表情や雰囲気などが非常に伝わりにくいです。たとえば、対面式の面接で、普段と変わらない態度で話をすれば「落ち着いている」と高評価を得られる人がいるとします。ところが、同じ人が同じ態度を取ってもオンライン面接では「元気がない」と低評価になってしまうことがあるのです。

　笑顔も、身振り・手振りも、うなずきも、少し大げさかなと思うくらいでちょうどいいです。普段は落ち着いている人ほど、意識してテンションを上げましょう。それこそがオンライン面接突破の秘訣です。

> **POINT**
> 意識的に明るく、元気な姿で、ハキハキ話すことが高評価につながる。オンライン面接では、表情もアクションも意識的にオーバーにしよう。

表情&アクションのチェックポイント

●表情

普段よりも口角を上げ、意識的に笑顔を心がけましょう。ちょっとオーバーかなと思うくらい明るい表情でも、オンラインではちょうどいいです。

●声

普段の生活より、少し大きめの声を意識して、元気よく話します。早口にならないように気をつけながら、テンションを高めにハキハキした口調で伝えましょう。

●しぐさ

相手の話をじっと聞いているだけでは、面接担当者の印象に残りづらいです。少し大げさにうなずき、自分が話すときも身振り・手振りを交えましょう。

「元気のない学生が多い…」。オンライン面接が普通になってから、私は何十社もの人事担当者からそんな話を聞きました。対面で話していると普通の学生なのに、画面越しだと「元気がない」といわれてしまう。そんなケースが非常に多いのが現実です。オンライン面接ではテンションを上げて臨みましょう！

⑧ 面接担当者を困らせる行いとは？

▶️ 話がまわりくどく、何をいいたいのかわからない

オンラインの個人面接にしても、集団面接にしても、あなたに与えられた時間は限られています。できるだけ多くのことを伝えるためには、要点をまとめて、短時間で簡潔に伝えるスキルが必要です。

72ページでお話ししたように、最も初歩的な技術は、「結論→理由→具体例」の順番で話すことです。結論から話すことができない学生は、結果的に話がまわりくどくなりがちです。最初に肝心なことを伝えないため、何をいいたいのかわからず、面接担当者を困らせてしまいます。

▶️ 話が長い、ハキハキ話さない、相手の目を見ない

話が長い、ハキハキ話さない、相手の目を見て話さない。これらも面接担当者を困らせる話し方です。

相手の目を見て話すのは、基本中の基本ですが、オンライン面接の場合、画面に映る面接担当者の目を見て話すと、画面越しには下を向いているように見えてしまいます。目線はカメラに向けて、画面の中で面接担当者の目を見て話しているようにする工夫が必要です。

また、終始無表情でノーリアクションな人も、面接担当者を困らせます。画面越しの会話だからこそ、表情豊かに面接に臨みましょう。

> **POINT**
>
> 結論から話す。簡潔に話す。ハキハキ話す。相手の目を見て明るい笑顔で話す。面接担当者をイライラさせないように、これらを意識しよう。

面接担当者を困らせる
「まわりくどい話し方」

　では、以下の例を読んでみましょう。学生のいっていることが理解できますか？おそらく理解できないと思います。面接時間は限られています。1つの質問に対する回答が不明確だった場合、面接担当者は理解を深めるために、さらに質問をしてきます。そうするとせっかくアピールしたいことがあっても、その質問にたどり着けずに終わることもありえます。

> **面接担当者**「学生時代に力を入れたことは何ですか？」
>
> 　**学　生**「はい。生徒の成績がなかなか上がらないので、私なりにプリントをつくって、毎回授業をしていたことです。それによってテストの点数が、平均で10点ほど上がりました」
>
> **面接担当者**「えーっと、それは塾講師のアルバイトですか？」
>
> 　**学　生**「いえ、家庭教師です」

　これは面接担当者が困る会話の典型例です。最初に「はい、私が力を入れたのは、家庭教師のアルバイトです」と結論をいわないので、面接担当者は何の話をしているのかがわかりません。「つまりどういうことですか？」「要するに何ですか？」などと聞かれてしまったら、面接担当者が困っている証拠。「最初に結論」を強く意識しましょう。

☑ CHECK

結論から話す癖がついていない人は、自分のことを知らない相手と接する機会が少ないのが原因。家族や友だちなど親しい人とだけ話していると、肝心な部分が欠落した話し方になりがち。模擬面接なども受けて、自分のことを知らない人と話す方法を身につけよう。

⑨ 具体的な数字や エピソードを盛り込んで

▶️ 抽象的な事柄ではなく、具体例を盛り込む

面接で自己PRをするときは、抽象的な事柄を並べるのではなく、なぜそれが自分のアピールポイントなのか、その理由や根拠、そして具体的な例を盛り込んで話すことが大切です。

「いろいろな場面で」とか「さまざまなところで」と話す学生が多いのですが、それでは何をした人なのか、面接担当者もイメージできません。アルバイトでもサークル活動でも何でもいいので、相手がよりイメージしやすいように、具体的な例を挙げて話すように心がけましょう。

▶️ 数字やエピソードを用いることを意識して

オンライン面接では、本人の人柄や雰囲気が伝わりにくいので、具体的な数字やエピソードを提示することがより重要です。

たとえば、サークルの部長を務めていた場合、ただ「部長として」とか「たくさんの部員」というだけでなく、「部員が100名いるサークルの部長」と数字を盛り込めば、あなたがやったことの大変さが伝わります。

また、そのサークルをどうまとめあげたのか、具体的な事例を伝えれば、あなたのリーダーシップや、困難を乗り越えた努力が、よりリアルに相手に伝わります。具体的な数字とエピソードを強く意識しましょう。

POINT

面接は、抽象的な事柄ではなく具体例が大事。人柄や雰囲気が伝わりにくいオンライン面接では、具体的な数字やエピソードがより重要になる。

具体的な数字やエピソードを 盛り込んだOK回答

では、以下の例を読んでみましょう。これは、具体的な数字やエピソードを入れることで、面接担当者に好印象を残せる回答例です。具体的かつ「結論→理由→具体例」をうまく取り入れているため、たった1つのエピソードで、どのような人物なのかが面接担当者にも伝わりやすくなっています。

Q 学生時代に一番大変だったことは何ですか？

A はい、テニスサークルの総務担当をして、合宿代を期日までに集金することです。100人の大所帯だったので無責任体質が蔓延し、期日通りに払わない人が8割以上もいました。1年目の集金に大変苦労したので、2年目はアンケートを実施し、合宿のあり方について意見を募りました。これによって部員の意識がトップダウン型から全員参加型に切り替わり、合宿代も前日までに銀行振り込みにする方法に変更したことで期日が守られるようになりました。この経験を通じて、私は人を動かすためには、物事を順序立てて考え、自分なりに工夫することが大切だと学びました。

この回答は、具体的な数字やエピソードを盛り込むことで、大変なことをどう乗り越えたのかがリアルに伝わってきます。また、物事にどう対処するのか、それを通じて何を学んだのかもきちんと述べられています。この学生が「どんな人間なのか」がよくわかる良い例です。

○ ☑ **CHECK**

面接とは、学生と面接担当者が話して「この学生はどんな特徴をもった人間か」「入社したらどんな活躍を見せてくれるか」を確認する場。OK回答のように、具体的な数字やエピソードを提示することによって、面接担当者は上記のことをより確認・イメージしやすくなる。

質問に合った受け答えなのか、今一度考えよう

▶ そもそも「等身大の自分」を語ることを忘れずに

面接では、具体的な数字やエピソードを提示することはとても大切です。ただし、原点に立ち返って、それが効果的かどうかもよく考える必要があります。というのも、具体的にする部分を間違えている学生が少なくないからです。具体的な数字を盛り込んで、あるいはエピソードを細かく語るものの、肝心の「自分はどういう人間なのか」や「そこから学んだこと」は、一切語れていない学生が多いのです。これでは本末転倒で、面接担当者が最も知りたいのは、あなたが「どういう人間なのか」なのです。

▶ 質問に合わない答えになっていないか？

たとえば、自己PRで大切なのは、最初に「自分は○○な人間です」「自分の長所は、○○です」という結論を述べること。その後に、その理由や具体例を伝えるのが、面接のセオリーです。

ところが、その結論を述べずに、いきなり細々としたプロフィールを語り出してしまう人が少なくありません。その話が結論に結びついていれば、まだいいのですが、そうでないケースも多くあります。

具体的な数字やエピソードは、より詳しく伝えるために必要ですが、質問に合わない受け答えになっていないかはよく考えてみましょう。

> **POINT**
>
> 具体的な数字やエピソードの提示は大事だが、それが効果的かよく考える必要がある。質問に合わない受け答えになっていないか注意しよう。

具体的な数字やエピソードを盛り込んだNG回答

以下の自己PRは読むことすら、大変ではないでしょうか。ましてや、口頭でこの内容を聞いた面接担当者は、どこが伝えたいポイントなのかがまったく理解できないでしょう。

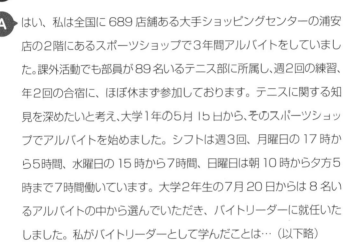

Q 自己PRをお願いします。

A はい、私は全国に689店舗ある大手ショッピングセンターの浦安店の2階にあるスポーツショップで3年間アルバイトをしていました。課外活動でも部員が89名いるテニス部に所属し、週2回の練習、年2回の合宿に、ほぼ休まず参加しております。テニスに関する知見を深めたいと考え、大学1年の5月15日から、そのスポーツショップでアルバイトを始めました。シフトは週3回、月曜日の17時から5時間、水曜日の15時から7時間、日曜日は朝10時から夕方5時まで7時間働いています。大学2年生の7月20日からは8名いるアルバイトの中から選んでいただき、バイトリーダーに就任いたしました。私がバイトリーダーとして学んだことは…（以下略）

この回答は具体的な数字は述べられていますが、伝えたいことがさっぱりわかりません。自己PRでは、まず「自分はどんな人間か」を簡潔に述べることが重要です。たとえば、「私は責任感のある人間です。3年間続けたスポーツショップのアルバイトではバイトリーダーを務め…」と最初に結論を話してから、理由や具体例を述べるのです。この鉄則を守りつつ、具体的な数字を必要に応じて盛り込みましょう。

☑ CHECK

面接の回答は、具体的な数字を用いることでよりわかりやすくなるが、数字を用いることがすべて効果的であるかどうかはよく考えなくてはいけない。たとえば、上記の例文は、数字を盛り込みすぎて、話がまわりくどくなってしまった典型例。簡潔さと具体性のバランスを見極めることも重要！

企業は逆質問で志望度合いを測る

▶️ 企業にとって逆質問は、志望度合いが測りやすい

オンライン面接では、逆質問の時間が長くなる傾向があります。それは企業にとっては、学生の志望度合いが測りやすいからです。画面越しの対話では、人柄や雰囲気が直接伝わりにくいために学生の志望度合いがわかりにくく、企業も内定を出すのに苦慮しています。そのため逆質問の時間を長くして、学生の熱意や意欲を知ろうとしているのです。

企業側からは、「逆質問をいくつも考えている学生は、企業研究を深め、面接の準備を進めている証拠。それは志望度合いが高いことを意味している」と考えられているのです。

▶️ 学生にとって逆質問は、熱意や意欲を示すチャンス

逆質問の時間が長いのなら、それを逆手にとって多くの質問をすることで、その企業への志望度合いが高いことを伝えることができます。つまり、学生にとっても、逆質問は志望企業への熱意や意欲をアピールするチャンスなのです。

そのためには、前々から「逆質問するとしたら何か？」を考えておくことが大切です。調べたらすぐにわかるようなことを聞くようでは「企業研究をしていません」と告白しているのと一緒です。逆質問をするためには、企業研究を行い、事前にしっかり準備をしておく必要があります。

POINT

学生の志望度合いを測るために逆質問の時間が長くなっている。逆に、学生にとっては熱意や意欲をアピールするチャンスだが、事前準備も必要。

気をつけよう！逆質問の落とし穴

逆質問のNG例

　　学　生「御社の社員数は何名ですか？」

　面接担当者「（この学生はホームページも見てないのか…）」

　逆質問は、志望企業について知りたいことを尋ねる良い機会です。学生にとっては志望意欲をアピールするチャンスでもありますが、逆効果になる場合もあります。社員数や沿革、事業内容など、企業のホームページやパンフレットに書いてあるような基本的なことを質問すると「この学生はそんなことも調べていないのか…」と、逆に志望度合いが低いと判断されてしまいます。会社説明会で話されたことも同様です。逆質問は、調べてもわからないことを聞く。そういう認識をもちましょう。

逆質問のNG例

　　学　生「御社の売上は業界で何位ですか」

　面接担当者「（会社案内やホームページに記載しているんだけど…）」

　基本的な企業研究を行っていれば、上記のような質問の回答はわかっているはずです。まず、企業研究を行う際には、会社案内とホームページを必ず調べ、企業の基本情報をおさえるようにしましょう。

☑ CHECK

逆質問をするためには、事前準備が必要。企業研究や業界研究を深めて、面接担当者に「この学生は、そんなことまでよく調べているなぁ」と感心されるような質問を目指そう。オンライン面接では逆質問の時間が比較的長いので、いくつも質問を用意しておくことも重要！

⑫ わからなかったことを聞く

▶️ 逆質問で志望意欲の高さをアピールする

逆質問では、どのような質問をすれば良いのでしょうか。1つは、純粋に企業研究を行ってわからないことを聞けばいいのです。

たとえば、同業他社と比べて疑問に思うこと、業績について、企業の今後の方向性、現状の課題と解決策、あるいは、求められているパフォーマンスや、活躍している先輩の様子などを聞いてもいいでしょう。

ただし、大事なポイントは、「この会社で活躍したい」「企業に貢献したい」と、志望意欲の高さをアピールする質問になっていることです。

▶️ 逆質問で自分はどんな人間なのかを知ってもらう

また、これまで説明してきたように、面接とは「あなたがどういう人間なのか」を伝える場です。これは逆質問の時間であっても同じです。

聞きたいことを聞くだけでなく、もう一歩進んで、逆質問を通じて自分がどういう人間であるかも面接担当者に知ってもらいましょう。

そのためには、質問することに対しての自分なりの考えや意見も準備しておくことが大切です。逆質問では、なぜそういう質問をしたのか、その意図を聞かれる場合もあります。質問の意図と合わせて、自分自身のことをアピールする。これが逆質問における理想的な形です。

POINT

逆質問のポイントは、志望意欲の高さをアピールする質問になっていること。もう一歩進んで、自分自身についてもアピールできるとなお良い。

逆質問のOK例

「御社で働くうえで、いろいろな困難があると思います。それを乗り越えるためのモチベーションについて教えてください」

　この逆質問をしたA君は、サッカーを9年間続けてきました。自己PRでは「私は目標に向かって努力できる人間です」と話しています。この逆質問には自己PRをより強く印象づける意図があります。面接担当者から「なぜモチベーションについて知りたいのですか?」と質問の意図を聞かれた場合、A君は以下のような回答で自分をアピールできます。

 質問の意図

「私は今までサッカーで、いくつかの困難を経験してきました。それを乗り越えることができたのは、チームのメンバーで一丸となって取り組むことに充実感や達成感を感じていたからです。御社の仕事にどのようなモチベーションで臨むべきかを知りたくて質問させていただきました」

「御社の仕事は個人で完結して行うよりも、グループで取り組んで結果を出すような仕事の進め方が多いですか」

　この質問をしたBさんは、部活やゼミで自分の役割を見つけて、その役割を果たすことで結果に結びつけてきました。多くの仕事はチームやグループで取り組むケースが多いので、面接担当者から質問の意図を聞かれた場合、Bさんは以下のような回答で自分をアピールできます。

 質問の意図

「私は常にチームやグループで自分の役割が何かを考え、果たすことができる人間です。御社もグループで仕事に取り組むような方針であれば、力を発揮してより貢献できるのではないかと思い、質問させていただきました」

13

効果的な逆質問の具体例②
キャリアプランを質問する

▶️ キャリアプランを伝え、企業の採用意欲をうながす

効果的な逆質問のもう1つは、その企業で働く自分なりのキャリアプランを伝えたうえで、そのキャリアプランについて質問するのです。

面接とは、企業が「この学生はどんな特徴をもった人間か」「この学生は入社したらどんな活躍を見せてくれるか」を確認する場です。

その学生を採用した場合にどんな活躍をしてくれるのか、そのイメージができる人ほど、企業は採用意欲が高まります。自社でのキャリアプランを具体的に考えている学生なら、ぜひ入社してほしいと思うはずです。

▶️ 働くイメージがわくかどうかが内定への近道

面接担当者は、自己PRを通して、あなたの考え方や性格を知ろうとしています。そして志望動機から、どのようなことをしたいのか、どのような力が発揮できるのかを知りたいと考えています。それらを通して、自社で働いているイメージがわけば採用への道が近づきます。

せっかく逆質問できる機会があるのなら、質問を通じて、そのイメージをより具体的にする質問をしてみましょう。オンライン面接は逆質問の時間が長い傾向があるので、キャリアプランについてもより深掘りした話をすることができます。こんなチャンスを逃す手はありません。

POINT

キャリアプランについて尋ねることも逆質問の効果的なポイント。その企業で働くイメージを具体化できれば、企業の採用意欲はより高まる。

逆質問のOK例

**「御社は文系・理系関係なく採用しています。文系・理系でそれぞれ
の活躍にはどのような違いがあるのか教えてください」**

　この逆質問をしたCさんは、理系で物事を論理的に考えることができます。この逆
質問には、理系のキャリアプランを尋ねることで、自分が論理的に物事を考えて結果
を出してきたことのアピールと、その企業で働くイメージをより具体的に伝える意図
があります。面接担当者から質問の意図を聞かれた場合、Cさんは以下のような自己
PRができます。

 質問の意図

「私は理系なので物事を論理的に考えることができます。ゼミの研究もスムーズに進
めることができ、結果を出してきました。自分の強みをぜひ御社でも活かしたいと考え、
キャリアプランについてうかがいました」

**「入社2〜3年後には、お客様を担当し営業職として仕事に取り組む
と聞いていますが、最も大切なのはどのようなことですか」**

　この質問をしたDさんは「より良い人間関係を築くことの大切さを知っている」と、
アピールしたいと考えています。面接担当者から質問の意図を聞かれた場合、Dさん
は以下のような回答で自分をアピールできます。

 質問の意図

「私は中高大の部活の経験から、より良い人間関係を築くことの大切さを知っていま
す。営業職として、社内外で良好な人間関係を築き、信頼を得ることが成果や結果に
つながると考えているのですが、御社のお考えと相違がないかどうかを確認したく、
質問させていただきました」

14

ピンチを脱出する話法①
「少しお時間をいただいても いいですか？」

▶️ オンライン面接では「なぜ」「なぜ」と深掘りされる

オンライン面接では、対面に比べて得られる情報が少ないので、あなたのことを知るために質問が何度も深掘りされることが多いです。

たとえば、「あなたが学生時代に最も打ち込んだことは何ですか？」という質問に、フットサルサークルと答えたとしましょう。すると「なぜフットサルサークルに入ったのですか？」「中高時代はテニス部では？」「なぜ大学ではフットサルに？」「大学のフットサルサークルで得たものは？」という具合に、どんどん深掘りされるのです。

▶️ ピンチのときは、素直に、正直に答える

深掘りされる質問に対して、その場しのぎの返答や、殊さら印象に残るようにインパクトのある答え方をしようとすると、ほころびが出ます。それを避けるためには、あくまでも「等身大の自分」を伝えることが大事です。

質問に対してすぐに答えられないときは、「少しお時間をいただいてもいいですか」と断って、落ち着いて考えましょう。ピンチのときは、素直に正直に伝えるのが一番いいです。

とはいえ、最大でも10秒程度。それ以上は長すぎます。深掘りに備え、自己分析を深め、事前準備をしっかりしておきましょう。

> **POINT**
>
> その場しのぎの返答は、話に矛盾が生じる。すぐに答えられないときは「少しお時間をいただいてもいいですか」と断ったうえでよく考えて対応する。

NG例文：
その場しのぎの回答は、ピンチを招く

　以下の事例は、その場しのぎで答えた結果、深掘りされたことで学生がアピールしたい『継続力』と矛盾が生じてしまっています。どんなに深掘りされても問題ないぐらい、自己分析をして面接に挑むことが大切です。

> **面接担当者**「大学時代に最も打ち込んだことは何ですか？」
>
> 　**学　生**「フットサルサークルの活動です」
>
> **面接担当者**「なぜフットサルサークルに入ったのですか？」
>
> 　**学　生**「子供のころからフットサルが大好きだったからです」
>
> **面接担当者**「あれ、中高時代はテニス部でしたよね」
>
> 　**学　生**「あ…はい」
>
> **面接担当者**「なぜ中高ではフットサルをしなかったのですか？」
>
> 　**学　生**「それは…」
>
> **面接担当者**「先ほど、長所は『継続力』だとお話しされていましたよね」
>
> 　**学　生**「それは、えっと…」

　オンライン面接は質問が深掘りされるため、自分を偽ることで矛盾が生じ、徐々に話せなくなっていくケースが多いです。そうなると自信をもって面接を受けられなくなり、面接担当者にマイナスの印象を与えます。面接では、一貫した答えをすることが大切です。その場しのぎの回答は、自己PRや志望動機にほころびができ、自らピンチを招きます。答えが思いつかないときは、少し時間を取って、よく考えて回答しましょう。

☑ CHECK

　オンライン面接では、大学だけでなく、中高時代のことを聞かれることが非常に多い。深掘りに対応するためには、中高時代もきちんと振り返り、自己分析を深めておこう。自分をよく知り、一貫性のある話ができるようにしておけば、どんな質問にも迷わず答えられる。

15

ピンチを脱出する話法②
「わかりません」

▶️ ヘタにごまかすより、正直に答えたほうがいい

オンライン面接では、深掘りされる傾向が強いため、質問に答えられない、わからない、また自分を偽ったことで矛盾が生じるなど、どうすることもできなくなって、ピンチに陥る学生が多いです。

質問に対して答えられないとき、わからないときは、正直に「わかりません」と答えるのも1つの方法です。ヘタにごまかすより、素直に、正直に答えるほうが「等身大の自分」を伝えることができます。

嘘をつくと、矛盾が生じて、ますます質問に答えられなくなります。

▶️ わからないときは、恥を忍んで聞く勇気も必要

グループディスカッションでは、志望している業界の専門分野に関する内容など、自分が知らないことがテーマに出ることも少なくありません。そんなときに最も良くないのは、黙りこんでしまうことです。

傍観者になってしまうと、評価は低くなります。わからないことは、周りの話を聞いて内容を推測したり、ときには聞く勇気も必要です。

面接担当者に「こんなことも知らないのか」と思われることを恐れる人もいますが、何もわからず傍観者になるよりも、恥を忍んで聞いてしまったほうが、ディスカッションにも参加でき、評価も上がります。

> **POINT**
>
> 答えられない質問には、「わかりません」と答えるのも1つの手。黙りこんでしまうのはNG。知らないことを聞かれたら、正直に質問しよう。

OK例文：わからないときは、正直に尋ねて自分なりに答える

　以下の事例のように、学生が知らない・わからない事柄について質問されることもあります。そこで、慌てて無理やり答えをひねり出しても、知識がないことは、面接担当者にすぐバレてしまいます。正直にわからないと伝えたほうが好印象です。

　面接担当者「あなたは、SDGs についてどう思いますか？」

　　学　生「勉強不足で申し訳ありません。SDGs とは何でしょうか？」

　面接担当者「持続可能な開発目標。2015 年 9 月の国連サミットで採択されたもので、国連加盟 193 か国が 2016 年から 2030 年の 15 年間で達成するために掲げた目標です」

　　学　生「それは、具体的にはどんな目標なのでしょうか？」

　面接担当者「貧困をなくそうとか、飢餓をゼロにしようとか、人や国の不平等をなくそうといった、17 の大きな目標が掲げられています」

　　学　生「でしたら、貧困について思うことがあります。それは…」

　面接で重要なのは、知識の有無ではありません。面接担当者が知りたいのは、あくまでも「あなたがどんな人なのか」「どんな考え方をするのか」です。わからないからといって黙りこんだり、知ったかぶりをして間違ったことをいったりするほうが、印象はずっと悪くなります。正直さも大事なポイントです。

　とは言っても、社会や世の中で話題になっている出来事や問題については、知っておくことが大切です。

　面接は、ただ質問に答えるのではなく、回答を通して「自分という人間」を伝えていくことが大切です。たとえ「SDGs」という言葉は知らなくても、貧困や不平等について思うことはあるでしょう。わからないときは正直に伝えたうえで、自分の考えを知ってもらいましょう。

⑯ 圧迫面接だと感じたときの対処法は？

▶️ 圧迫面接の目的は、学生のストレス耐性チェック

圧迫面接とは、学生の対応能力を試すために、面接担当者がわざと否定的な態度を取ったり、意地悪な質問をしたりする面接のことをいいます。

学生にとってはできれば避けたい面接ですが、実はこれにはストレス耐性をチェックする目的があります。面接担当者も理由があってそういう態度を取っていると理解して、冷静に対処することが大事です。

圧迫面接だと感じても、必要以上に恐れず、自信をもって受け答えができるようにするためには、事前準備をしっかりしておきましょう。

▶️ 圧迫面接でも、素直に正直に答えることが大事

圧迫面接だからといって、自分を偽ったり、嘘をつく必要はありません。途中で矛盾が生じないように、素直に、正直に答えればいいのです。

ほかの質問と同じように、過去の経験や事実をもとに「自分はどんな人間なのか」を自己分析し、「等身大の自分」を伝えられるようにしておきましょう。特に中学・高校時代の経験を振り返っておくことが大切です。

POINT

圧迫面接であっても、ほかの質問と対処法は同じ。自己分析、志望動機、企業研究などを深めて、自分のことを素直に正直に伝えることが大事。

圧迫面接のよくある質問

学生時代の経験や志望動機の否定

「そんな研究、社会では役に立たないよ。なんでそんなことしてるの?」

「それが学生時代に力を入れたことなの?　たいしたことないね」

「君のやりたいことって、他社でもできるんじゃない?」

「ウチの仕事はキツいよ。この会社に向いてないんじゃないの?」

「なぜ」「なぜ」「なぜ」の質問攻め

「なぜ、その学部を選んだの?　なぜそのサークルに入ったの?」

「なぜ中学時代にその部活をやってたの?」

「なぜリーダーシップがあるといえるの?」

「なぜウチなの?　入りたい意欲が全然感じられないんだけど…」

第一志望かどうかをしつこく確認

「本当にウチが第一志望?　どこでも同じこといってるんじゃないの?」

「第一志望群ってことは、第一志望じゃないんだよね?」

「ウチが第一志望じゃないでしょ?　第一志望の会社はどこなの?」

☑ CHECK

圧迫面接にはさまざまなパターンがあるが、志望度合いの高さを知りたいだけで、実際には圧迫面接ではないケースも多々ある。キツい言い方をされても、逆上したり、反発するのはNG。落ち着いて対処し、自分の思いを伝えたり、その企業への熱意をアピールしよう。

接続不良、アクセスできなくなったときは？

▶️ 接続不良になったら、Wi-Fi の設定を再確認する

オンライン面接は、インターネット環境と機材さえ整えれば、面接会場に行くことなく、簡単に受けることができます。しかし、オンラインならではのトラブルに見舞われることが少なくありません。

最も多いのは、接続不良や音声の不具合です。Wi-Fi の環境が途切れて接続不良になった場合は、Wi-Fi の接続機器の電源を一度 OFF にして少し待ってから ON にするとつながることが多いです。Wi-Fi 機器を置く位置を変えることでつながる場合もあるので試してみましょう。

▶️ アクセスできないときは、すぐに電話で連絡しよう

音声の不具合も、ミュート（消音）になっているなど、単純な設定ミスによることが多いので、設定を再確認してみましょう。PC などの機材にトラブルが起きた場合も、再起動すれば直る場合があります。

いずれにしても重要なのは、落ち着いて対処すること。トラブルが起きた場合、その場をどう乗り切るかも、評価の対象になっている場合があります。慌てず、騒がず、まずは面接担当者に連絡しましょう。接続不良やアクセスできないときは、企業によっては電話で対応してくれるケースもあります。トラブルが起きたら、すぐに連絡することが大切です。

> **POINT**
>
> 接続不良やアクセスできなくなったときは、すぐに面接担当者に連絡することが重要。企業によっては電話で対応してくれるケースもある。

接続や機材のトラブルの対処法

指定された URL にアクセスできない

　入力した URL が間違っている場合が多いです。改めて入力し直してみましょう。それでもアクセスできない場合は、面接担当者に電話して相談します。

インターネットに接続できない

　Wi-Fi の接続機器の電源を OFF にして、少し待ってから ON にするとつながることが多いです。接続機器を置く場所を変えることでつながる場合もあります。

映像が映らない

　ビデオ設定が OFF になっている、ビデオの受信を制限しているなど、単純な設定ミスの場合が多いです。再確認してみましょう。自分の映像が相手に見えない場合は、カメラの設定が ON になっているかを確認します。

声が聞こえない

　音声がミュート（消音）になっているなど、単純な設定ミスの場合が多いです。自分の声が相手に聞こえない場合は、マイクやカメラの設定が OFF になっていないかを確認してみます。

面接の途中で、映像や音声が途切れてしまった

　すぐに面接担当者に電話して相談します。原因は相手側にあるケースもあります。企業によってはオンライン面接を電話で対応してくれる場合もあります。

PC が故障してしまった

　スマホやタブレットでも、オンライン面接は可能です。予備の機器でもアクセスできるように、指定された URL を入力し準備しておきましょう。

☑ CHECK

　事前に通信環境などを確認したうえでトラブルが起きた場合は、単純な設定ミスのケースが多い。落ち着いて設定を確認してみよう。面接の最中に接続不良やアクセスできなくなった場合は、すぐに連絡することが大事。万が一の事態に備え、携帯電話は必ず用意しておこう。

—{ コラム }—

企業からのメールは必ず最後までチェック

一番重要なことは、メールの最後に書いてある

　オンライン就活になってから、メールの確認がちゃんとできていない学生が多くいます。企業からのメールは、エントリーシートのお知らせや、選考を通過したかどうかの連絡だけでなく、インターンシップの案内や、座談会や質問会の告知など、さまざまな内容があります。

　それらをきちんと確認できていないがために、チャンスを逃してしまう学生がたくさんいます。

　企業からのメールは、必ず最後まで読みましょう。一番重要なことは、メールの最後に書いてあることが多いです。そうした情報を見逃して、動画選考を受けられなかった学生もいます。

　就活中は企業からのメールが多すぎて、確認が甘くなりがちです。オンライン授業の課題だけでも相当な数になるので仕方ない面もありますが、せっかくのチャンスを見逃してしまうのはもったいないです。

オンライン説明会の落とし穴。最後にアンケートがある場合も

　また、オンライン就活になってから、説明会もオンラインになっています。録画したものを配信する場合とライブ配信の2パターンがありますが、ライブ配信はきちんと見ても、録画配信は2倍速で見たりする人も多いのではないでしょうか?

　でも、そこにも大きな落とし穴があります。録画配信は、その学生がきちんと最後まで見たか、企業が確認できる場合があるのです。

　また、最後にアンケートがついている場合もあります。「ご視聴ありがとうございました。感想をお送りください」といった案内が出て、そのアンケートが選考に影響してくることもあります。

　オンライン就活になってから、企業は学生の志望度合いを非常に気にしています。たかがアンケートと思うかもしれませんが、企業にとっては志望意欲を測る重要な指標にしている場合があります。録画配信も必ず最後までチェックして、チャンスを逃さないようにしましょう。

オンライン面接の
志望動機＆自己 PR

オンライン面接では、面接担当者に思いが伝わりにくいという側面があります。そのため、対面面接以上に、企業への志望動機や自己 PR を明確にするといった準備がとても重要です。本章を参考に、どんな面接担当者にも伝わる自己 PR を考えてみましょう。また、近年自己 PR を動画にして送るといった、新たな面接手法を取り入れる企業が増えてきました。対策を学び、面接を突破しましょう。

❶ 志望動機を明確にすることが面接突破の第一歩

▶️ 面接の質問のタイプはおもに２つ

　面接の代表的な質問は、おもに２タイプあります。１つは、「なぜ当社を希望するのですか？」「企業選びの基準は何ですか？」「５年後、10年後どうなっていたいですか？」といった「志望動機」です。

　そしてもう１つは、「あなたの長所は何ですか？」「これまで逆境や挫折を乗り越えたことがありますか？」といった「自己PR」です。

　面接で聞かれることは、大きく分けるとこの２つしかありません。この２つさえ押さえておけば、面接で聞かれることには、ほぼ対応できるといえます。だからこそ志望動機と自己PRについては、事前に徹底的に準備しておく必要があるのです。

▶️ オンライン面接では「志望動機」が特に重視される

　オンライン面接では、志望度合いについて深く質問されます。例に出すと、学生が「第一志望です」「第一志望群です」といった答えを返すと、「どういう業界を受けていますか？」「どの企業を受けていますか？」「選考はどのくらい進んでいますか？」と非常に深くまで掘り下げられます。

　すべて正直に伝えるかどうかはあなた次第ですが、なぜその企業を受けたのかという志望理由はハッキリさせておかなくてはいけません。志望動機を明確にしない限り、オンライン面接突破は難しいと考えてください。

> **POINT**
>
> オンライン面接では志望度合いについて深掘りされる。なぜその企業を受けたのか、志望動機を明確にしなければ面接を突破することはできない。

志望動機に関する質問で
面接担当者が知りたい３つのポイント

1 なぜあなたは当社に入社したいのですか？

2 当社であなたは何をしたいのですか？

3 当社であなたはどのような良さを発揮してくれるのですか？

　オンライン面接では志望動機についてさまざまな角度から質問されますが、面接担当者が知りたいのはこの３点です。重要なポイントは「当社」です。ほかの企業でも通用するような志望動機では、面接担当者は納得しません。また、ほかの企業にも通じるような内容では、志望度合いが低いと判断されます。なぜ当社なのか、当社で何をしたいのか、当社でどんな活躍をするのか、この３つをハッキリさせることが非常に重要です。

　以下の事例を参考に考えてみましょう。

---

1 なぜあなたは当社に入社したいのですか？

私は既存のビジネスモデルに囚われず、時代のニーズに合った付加価値の高いサービスを提供している御社のビジネスモデルに共感しました。

---

2 当社であなたは何をしたいのですか？

お客様のニーズを分析しサービスを提供している御社で、私もともに付加価値の高いサービスを生み出したいと思っています。

---

3 当社であなたはどのような良さを発揮してくれるのですか？

私は大学時代に塾講師のアルバイトをしており、生徒を志望校に合格させるために必要なことを分析し、新しいサービスを提案していました。その結果、多くの生徒が志望校に合格しました。その分析力を御社でも発揮したいと考えています。

ほとんどの学生が見誤る、志望動機の2大NG例

▶️ 企業を褒めるだけでは、オンライン面接は通らない

志望動機で面接担当者が知りたいのは「なぜあなたは当社に入社したいのですか？」「当社であなたは何をしたいのですか？」「当社であなたはどのような良さを発揮してくれるのですか？」の3点ですが、多くの学生はこれらのポイントに答えられていません。

ほとんどの学生が、次のいずれかの志望動機を話しています。1つは「将来性が高い」「伝統がある」など企業の表面的な長所を挙げるだけの志望動機です。企業を褒めるだけでは、オンライン面接は通りません。

▶️ どの企業でも通用するような志望動機ではNG

もう1つは、社名だけ変えれば、どんな企業の面接でも使えるような無難な動機です。どんな企業にも当てはまる、よくある志望理由では「当社」である必要はなく、面接担当者は何の反応もしてくれません。

この2つは、志望動機の代表的なNG例として覚えておいてください。面接担当者が聞きたいのは「なぜあなたは当社で働きたいのか」という疑問を解消してくれる志望動機です。志望度合いを徹底的に深掘りされるオンライン面接では、企業研究を深め、自分だけの志望動機、その企業にしか通用しない志望動機を用意することが重要なポイントです。

POINT

企業を褒めるだけの志望動機、どんな企業でも通用する志望動機では、面接担当者は納得しない。自分だけの、その企業だけの志望動機が必要。

これでは面接担当者は納得しない！
志望動機の２大NG例

① ただ企業を褒めているだけの表面的な志望動機

御社を志望したのは、将来性の高さに魅力を感じたからです。御社は 10 年前の創業から右肩上がりで成長され、今では時価総額が 1000 億円を超え、ベンチャー大賞にも選ばれました。「常に前へ」という御社の理念に大変共感しております。私もそうした環境でぜひ働きたいです。

会社案内やホームページに簡単に目を通し、目ぼしいキーワードをコピペしただけのような表面的な志望動機はすぐに見抜かれます。面接担当者が知りたいのは、あなただけの視点、あなたならではの気持ちです。

② どんな企業にも当てはまる無難な志望動機

御社を志望したのは、顧客を第一に考えている企業だからです。私もアルバイト経験を通じて、お客様が何よりも大切であることを学んできました。御社で働くことによってもっと多くのことを学び、自分を成長させたいです。どんなに厳しくても、持ち前の粘り強さで乗り越えます。

ほとんどの企業が、顧客を第一に考えています。この志望動機はどんな企業にも当てはまってしまい、この会社でなければならない理由が伝わってきません。それでは「どこでもいい」といっているのと一緒です。

☑ CHECK

ほとんどの学生の志望動機は、この２つの NG 例のいずれかになる。これでは志望意欲の高さを問われるオンライン面接で、突破はできない。その企業ならではの志望動機を考えるには業界研究や企業研究、自分ならではの志望動機にするためには自己分析が必要！

志望動機を模索するには
業界・企業研究が必須

▶️ 志望動機を考える前に、業界・企業研究が必要

　面接担当者の心に響く志望動機を語るためには、志望企業を徹底的に研究することが必要です。でも、あなたが今、就活の前半戦なのでしたら、まずは視野を広げる意味で、あらゆる業界の特色や流れをひと通り把握し、さまざまな企業の研究をすることをおすすめします。

　絶対にこの業界、この企業と決めつけず、複数の業界・企業を研究するほうが、結果的に就活はうまくいきます。なぜなら、就活の過程で自分が本当にやりたいことに気づいたときに軌道修正ができるからです。

▶️ 自分というフィルターを通して考える

　また、あなただけの志望動機を語るためには、「自分」というフィルターを通してしっかり考えることが重要です。その企業でなければならない理由は、ほかの業界や企業と比較しないと見えてきません。

　業界・企業研究を幅広く行い、自己分析の結果も踏まえたうえで、「なぜこの企業に入社したいのか」「そこで何をしたいのか」「どのように自分の良さを発揮したいのか」を考えるのです。

　ほかの業界や企業と比較しつつ、実際にその企業の人や仕事に触れてみることも重要です。そうすることで、面接担当者の心に響く、あなただけの志望動機をつくることができます。

> **POINT**
>
> 業界・企業研究を幅広く行い、自己分析の結果も踏まえたうえで志望企業を決める。そうすることで、面接担当者の心に響く志望動機が語れる。

志望動機を考えるための「業界・企業研究の方法」

業界・企業研究をするためには、多くの情報を集める必要があります。少なくとも下記の5つは実践すべきです。情報を集めれば集めるほど、自分らしい志望動機をつくることが可能になります。常にアンテナを高くしておきましょう。

1 業界の概要をまとめた書籍をチェック

志望業界を絞らずに、最初にすべての業界を把握するためには、さまざまな業界の概要をまとめた書籍に目を通しておくのがおすすめです。たとえば、『業界＆職種研究ガイド』（小社刊）なら、主要な業界の現状や将来の予測、ほかの業界とのつながりなどがひと目で理解できます。

2 企業の基本情報を知る

『マイナビ』などの就職情報サイトを活用し、興味をもった業界の企業を検索すれば、会社概要、事業内容、資本金、従業員数、売上高など多くの情報を得られます。さらに『会社四季報』『就職四季報』（ともに東洋経済新報社）などにも目を通し、業界・企業の分析を深めましょう。

3 興味・関心をもった企業と同じビジネスをしている企業について調べる

企業の報告書や書籍、HPなどを見ながら同業他社と比較します。各企業の売上高や従業員数、営業所数など具体的な数字を見比べましょう。

4 企業の経営理念を確認する

同業他社と比較する場合は、数字だけでなく、経営理念もチェックして事業に対する姿勢を確認しておきましょう。企業のモットーや歴史だけでなく、環境問題、人権問題などに対しての取り組みを理解することで、自分がその企業の方針に共感できるかどうか判断できます。

5 現場で働く人を通じて、生の情報を求める

書籍やHPなどの活字だけではなく、会社説明会やOB・OG訪問、インターンシップに参加することで、活字から得た情報でわからないことや疑問に感じた点を質問することができます。企業への理解を深めることができるので、積極的に参加しましょう。

企業研究は多くの情報を集めて同業他社と比較する

▶ 同業他社と比較し、自分なりに分析する

　企業研究は、1社のデータだけを見ても判断材料にはなりません。同業他社と数字で比較することで、各企業の優位性が明確になり、その企業を判断する目安になります。また、業界内での各企業の位置づけや、独自性や特徴など、数字だけではわからない実情も見えてきます。

　多くの情報を集め、企業研究を深めましょう。そうして集めた情報は、比較検討しやすいように、パソコンに入力して管理しておくと、企業研究はもちろん、志望動機を作成するときにも非常に役立ちます。

▶ CSR 報告書（非財務情報）も参考にする

　企業の HP やパンフレットを見るだけでは、十分な企業研究はできません。もう一歩進んだ企業研究をしたい、その企業にしか通用しない志望動機にしたいと考える人は、志望企業の CSR 報告書（非財務情報）を参考にしてみてください。

　CSR 報告書は、慈善事業や社会貢献についての情報しか書いていないと勘違いしている人が多いのですが、社会全体、そして企業が長く存在するために行っている活動についての報告もされています。その点も押さえておくと企業研究にプラスになるので、チェックしておきましょう。

POINT

企業選びは、多くの情報を集めて同業他社と比較することが重要。その企業のことを理解するためには、CSR 報告書も参考にしよう。

集めた企業情報は表計算ソフトで管理

●企業研究1

社名	売上 （単位・億）	利益 （単位・億）	従業数 （単位・人）	男（人）	女（人）	従業員1人当たりの 売上高（単位・億）
A社	38.6	4.5	95	80	15	0.41
B社	77	14	398	311	87	0.19
C社	14.9	4	136	80	56	0.11
D社	16.2	3	150	122	28	0.11
E社	140	14	620	500	120	0.23
平均	／	／	／	／	／	0.21

●企業研究2

社名	売上高 経常利益率	全社員で女性の 占める割合	独自性や特徴
A社	12%	16%	フリーアドレスの自由な環境
B社	18%	22%	新人1人に2人の先輩がつく教育体制
C社	27%	41%	コアタイムなしのフレックス制度
D社	19%	19%	顧客と直接契約
E社	10%	19%	世界的企業複数とパートナー契約
平均	17%	23%	

　集めた情報は、パソコンの表計算ソフトを使って一覧表にして、企業研究の参考にしましょう。このような表をつくっておけば、気になる項目ごとに並び替えることも可能です。自分の志向にマッチした企業を見つけやすくなり、志望動機にも説得力が生まれます。客観的なデータと主観的な価値観を総合的に考えて、志望企業を絞っていきましょう。

☑ CHECK

企業を比較研究し、よく知るためには数字以外の情報も大事です。最近はSDGs（持続可能な開発目標）が注目され、企業を含めた社会全体が持続的に存在することを求められている。そのために各企業がどのような活動をしているのかを報告しているので調べてみるといい。

第4章　オンライン面接の志望動機＆自己PR

❺ 自己PRこそ面接突破の最重要課題

▶️ 自己PRとは自分らしさを伝えること

　自己PRとは、自分の良さや特徴、自分らしさを伝えることです。面接がなぜ難しいのかというと、あなたと面接担当者が初対面だからです。しかも限られた時間しかありません。その限られた時間内に、初対面の人に「自分の良さや特徴」を的確に伝えなくてはならないのです。

　ましてや、オンライン面接では、直接会うことができません。「自分の良さや特徴」を具体例を用いて説明し、過去や現在の経験なども交えて、言葉で証明しないと、相手に的確に伝えることはできないのです。

▶️ すべての質問は「あなたの良さ」を知るため

　自己PRを聞かれたときだけでなく、面接担当者はさまざまな質問を投げかけてきます。それらはすべて、あなたの良さを知るための質問です。

　面接担当者は、1つの質問だけでは特徴や良さが見えにくいので、角度を変えて聞き、複数の回答を総合して「一緒に働くイメージがわくか」「会社で活躍してくれるか」を判断します。言い換えれば、すべての質問が「自己PRをしてください」といっているわけです。

　答える側も、その意図を汲んで、あらゆる質問に「私は○○な人間です」と同じキーワードで伝えれば、あなたの良さが的確に伝えられます。

POINT

自己PRとは、自分の長所や特徴を伝えること。限られた時間内に過去や現在の経験などを交えて自分の良さを伝え、証明しなくてはならない。

面接の回答は、すべて自己PRになる

「あなたの特徴を教えて下さい」

「あなたの強みは何ですか?」

「あなたの性格をひと言でお願いします」

「中学時代に頑張ったことは?」

「大学生活で一番力を入れた学業は?」

「最近、気になったニュースは?」

「どうして当社を志望したのですか?」

すべて「自己PR」につながる

面接でよく聞かれるこれらの質問は、すべて「あなたがどんな人間なのか」「どんな良さや特徴があるのか」を知るためのものです。つまり、すべての回答が自己PRになるのです。ただ単純に質問に答えるのではなく、すべての回答が自己PRになるという意識をもって面接に臨みましょう。

☑ CHECK

面接の質問の着地点の多くは、自己PRのキーワードになる。だからこそ自分を偽ったり、キーワードが間違っていると矛盾が生じる。上記の質問の回答に共通するものは何かを考えてみよう。その共通するものが自分らしさに通じ、あなたの自己PRのキーワードとなる。

⑥ よい自己 PR のために 自己分析から始めよう

▶️ まずは自分自身が自分について理解する

自己 PR は、面接担当者に「あなた」という人間を理解してもらうために行うものです。あなたがどんな人なのかわからなければ、面接担当者もあなたを採用すべきかどうかがわかりません。

ところが、多くの学生は自分の良さや特徴を「積極的」「明るい」などの抽象的な単語で伝えるだけで、面接担当者に「あなたは本当に○○な人なんですね」と納得させることができません。人に何かを伝えるためには、まず自分自身が自分のことを深く理解（＝自己分析）することが大切です。

▶️ 自己分析は「就活のために」という意識を捨てる

そのために必要なのが、「自己分析」という作業です。自分にはどんな良さがあり、どんな特徴があるのか。これらを改めて発見し、それに話の道筋をつけて相手に伝えるために、自分のこれまでを振り返ります。

自己分析をするときに重要なのは、「就活のため」という意識を捨てることです。「就活のため」と意識した瞬間に、自分の良い面にしか注目しなくなり、本当の自分と向き合うことができなくなってしまいます。

ダメなところも含めて、自分自身について素直に振り返り、今まで気づかなかった新たな自分の良さや特徴を発見しましょう。

> **POINT**
>
> 自分のことを理解してもらうには、まずは自分が自分を理解することが必要。自己分析をするときは「就活のため」という意識も捨てよう。

自己分析は思い込みはNG！
真っ白な気持ちで振り返ろう

　自己分析で大事なポイントは、思い込みを捨てて、真っ白な気持ちで自分の過去と向き合うことです。最初から「僕は責任感がある人間です」「私は思いやりのある人間です」などと思い込んで自己分析を始めてしまうと、過去のそういったエピソードだけを抽出して、恣意的に「理想の自分像」を導き出してしまいます。

　それがあなたの本当の良さとは限りません。「僕は責任感のある人間です」と自己PRしても、恣意的であればあるほど話に矛盾が生じ、面接担当者を納得させることはできなくなります。自己分析をするときは、思い込みを捨て、素直に、ありのままの自分を思い出して、過去の出来事を書き出していきましょう。

☑ CHECK

面接担当者が知りたいのは「本当のあなた」。自分のことを正しく理解せずに自己PRしても、あなたがどんな人間なのかは伝わらない。正しく自己分析をしないと、本当の自分の良さや特徴を知る機会も失ってしまう。白紙の状態から自己分析を始めよう。

⑦ 自己分析の進め方とポイント

▶️ 中学・高校・大学で打ち込んだことを振り返る

自己分析のやり方は、とてもシンプルです。中学・高校・大学時代に自分が打ち込んだことをノートに書き出します。打ち込んだことは、部活、受験勉強、アルバイト、何でもかまいません。そして、そこから共通するキーワードを抽出し、自己PRの文章としてまとめます。

基本的には、それだけです。ただし「なぜ自分がそれに打ち込んだのか」「どんな困難があり、なぜ乗り越えられたのか」など、「なぜ」「なぜ」「なぜ」と問題提起しながら、深く掘り下げていくことが重要です。

▶️ 特別な経験でなくても、すべて違っていてもいい

自分が打ち込んだことは、特別な経験である必要はありません。「人と比べて大したことない」なんて考える必要も一切ありません。純粋に自分が「頑張った！」と思うことを書き出していけばいいのです。

学生時代に一生懸命打ち込んだことには、あなたの感情のすべてが内包されています。結果や成果が出ていなくても、何も問題ありません。中学・高校・大学で打ち込んだものがすべて違ってもかまいません。

そうして書き出したものを見返して、すべての出来事の共通点を探してみましょう。それがあなたの自己PRのキーワード候補です。

> **POINT**
>
> 自己分析は、中学・高校・大学で頑張ったことを書き出していく。そして、「なぜ自分はそのことに打ち込んだのか？」、その理由を考えてみよう。

自己分析の進め方

STEP**1** 中学・高校・大学で最も打ち込んだことを書き出す

STEP**2** 打ち込んだ理由を深く掘り下げる

STEP**3** 共通する「キーワード」を見つけ出す

自己 PR の文章としてまとめる

過去を振り返るポイント

- 中学・高校・大学でどんなことに打ち込みましたか？

- なぜ、それを始めたのですか？

- 打ち込んだ経緯は？　なぜ打ち込んだのですか？

- どのように打ち込んだのですか？

- 打ち込むことで得たもの、学んだことは何ですか？

- 打ち込む中で、困難だったことは何ですか？

- どのように困難を乗り越えましたか？　なぜ乗り越えられたのですか？

- 打ち込んだことが、その後にどんな影響を与えていますか？

※ただし、「就活のため」という意識は捨てて考える。

☑ CHECK

自己分析の目標は「学生時代に最も打ち込んだこと」と、自分の特徴を端的に表す「自己 PR」の２つの着地点にたどり着くこと。この自己分析の進め方で自分の過去を徹底的に振り返ってみよう。正しい自己分析を行い、「本当のあなた」を導き出せれば、面接では何も困ることはない。

⑧ 自己分析の誤りを検証。
2大NGパターン

▶️ 自己分析で見つけたキーワードが間違っていないか

　自分が打ち込んだことや、その理由を書き出したら、それらに共通する「キーワード」を見つけましょう。すべてのエピソードに共通する「自分らしさ」や「自分の良さ」を表すキーワードを伝えれば、初対面の面接担当者も、あなたの良さや特徴を理解しやすくなります。

　しかし、実はこのキーワードが間違っている場合が少なくありません。ですから、次にやるべき作業は、自己分析で見つけた自分の良さを表すキーワードが間違っていないかを検証することです。

▶️ 証明できるエピソードが5つ以上あるか?

　検証方法は、自分の良さを表すエピソードが、大学時代だけでも5つ以上挙げられるかどうか。たとえば、「責任感」というキーワードを導き出した人なら、どんな場面でも責任感のある行動をとっているはずです。

　それが部活だけのことだったら、すべての行動に共通する特徴とはいえません。正しいキーワードを見つけた学生は、すぐにエピソードがいくつも出てきます。間違っている学生は、1つか2つしか出てきません。導き出したキーワードが間違っていたら、正しい自己分析ができたとはいえません。キーワードを改めて考え直す必要があります。

POINT

自分の良さを表すキーワードが間違っている場合も多い。証明できるエピソードが大学時代だけでも5つ以上挙げられるかを検証してみよう。

自己分析の間違い、2つのパターン

自己分析が間違っていると、自己PRをしてもあなたの良さや特徴は伝わりません。自己分析の間違いには、おもに2つのパターンがあります。

1 「キーワード」が間違っている

たとえば、中学・高校時代に同じ部活を続け、大学時代も同じアルバイトを続けていたら、共通するキーワードとして「継続力」と考える人は多いでしょう。でも、もっと深く掘り下げたら「責任感」や「思いやり」といったキーワードのほうが適切かもしれません。

もっと多くのエピソードに共通することは何か、キーワードを考え直してみましょう。

2 「打ち込んだこと」が間違っている

そもそも「打ち込んだもの」自体が間違っている場合もあります。そこから導き出されるキーワードは、本当の良さや特徴を表したものにはならない可能性があります。

特に「就活のため」という意識があると、いいことばかりをネタにしがちになり、自分が本当に打ち込んだものを見誤ってしまいます。もっと本気で夢中になったことはなかったかを思い出してみましょう。

☑ CHECK

キーワードが間違っている人に共通しているのは、自分のマイナス面に向き合わないこと。つらかった経験など、マイナス面も含めて振り返らなければ、正しいキーワードには辿りつけない。あなたが導き出したキーワードは本当に正しいのか、何度も検証してみよう。

⑨ 自己PRの基本は キーワードと伝え方

▶️ キーワードは、1つに絞って、わかりやすく

面接の目的は、自分がどんな人間かを面接担当者に理解してもらうことです。その目的を達成するには、印象的な自己PRが不可欠です。

あなたには、いろいろな良さや特徴があるでしょう。しかし自己PRのキーワードは、いくつも伝えるのではなく、1つに絞って話したほうが印象に残りやすく、相手にも伝わりやすいです。オンライン面接は、人柄や雰囲気が伝わりにくいので、わかりやすさは特に重要です。

▶️ キーワードの理由や具体例も深掘りしておこう

とはいえ、キーワードを「積極性」や「責任感」に決めたとして、ただ単純に「私は積極性があります」「私は責任感が強い人間です」と伝えるだけでは、何の説得力もありません。たとえば、積極性や責任感をどんな場面で発揮したのか、具体的なエピソードを交えつつ、その理由を話せてこそ、自分の良さや特徴を伝えることができます。

オンライン面接は、自己PRも深掘りされます。「なぜ積極性があるといえるのですか？」「中学の部活ではどうでした？」「バイト先ではどうでした？」と質問攻めに遭うかもしれません。自己PRのキーワードを絞ったら、その理由や具体例も深掘りして考えておく必要があります。

POINT

自己PRのキーワードは、1つに絞ったほうがわかりやすい。オンライン面接は自己PRも深掘りされる。理由や具体例も掘り下げておこう。

自己PRの基本と伝え方

具体例を、
ちゃんと話すぞ！

① キーワード

「私は○○な人間です」

　○○には、自分自身の長所や特徴が入ります。キーワードは、1つに絞り、わかりやすくします。例：私は継続力のある人間です。

② その理由

　なぜ、キーワードのような人間だといえるのでしょうか。その理由を述べます。

③ 具体例

　①で挙げたキーワードが、自分の長所や特徴であることが面接担当者にわかりやすく伝わるエピソードを話します。その際は、大学のエピソードが好ましいです。

　自己PRは、この順番で話すことがベストです。この流れを参考にして、自分のキーワードは何か、その理由や具体例を考えておきましょう。

☑ CHECK

　上記の流れで、事前に自己PRの文章をつくっておくといい。オンライン面接では自己PRも深掘りされる。理由や具体例は、1つでは納得してもらえない可能性が。なぜ○○な人間といえるのかという理由を深く考え、具体例はできるだけたくさん用意しておこう。

自己PRの
具体的な組み立て例

▶️ 自己PRのキーワードは、1つが好ましい

オンライン面接の時間は限られています。短い時間内に自分の良さを2つも3つも証明することはできません。キーワードを1つに絞り込み、どんな質問に対しても、そのキーワードを軸にして話をしましょう。

たとえば、あなたの良さを表すキーワードが「積極性」だったら、どんな質問に対しても、どのような場面で「積極性」を発揮したのか、その具体的なエピソードを話していくのです。そうすれば「ああ、この学生は積極性がある人なんだな」と判断されて、印象にも残ります。

▶️ 結論→理由→具体例→（成果・結果）の順で

選んだキーワードが正しければ、どんな質問をされても、矛盾のない回答ができるようになります。質問に対して、無理に辻褄を合わせて答えようとしなくても、自然に話すだけで全部そのキーワードにつながっていくので、結果的に面接が楽になります。

自己PRの組み立て方は「結論→理由→具体例」、最後に「成果・結果」を加えてもいいでしょう。最初に話す「結論」は、簡潔でわかりやすい言葉にしましょう。この3つ、または4つの組み立て方で話をすれば、自分の良さが相手に伝わりやすい自己PRになります。

> **POINT**
>
> 自己PRのキーワードは1つが好ましい。「結論→理由→具体例→（成果・結果）」で話を組み立てる。「結論」は相手にわかりやすい言葉で。

自己PRの基本と伝え方

①結論
「私はコツコツ努力ができる人間です。」

②理由
「中学時代に期末試験の準備を2日間で行って目標としていた成績を取れず、後悔したことがありました。そのときに短期間で準備することが自分に向いていないと気づいて、毎日コツコツ努力するようになりました。」

③具体例
「大学時代のアルバイト先のカフェでは、うまく接客ができなくて店長やお客様に叱られることがありました。しかし、それではアルバイトの役割が果たせていないと反省し、自分でマニュアルをつくって、毎日自宅で練習を行いました。」

④成果・結果
「その結果、店長やお客様から褒められるようになり、アルバイト・接客コンテストのエリア賞をいただくこともできました。」

上記の事例は、「結論→理由→具体例」に加えて「成果・結果」がきちんと組み込まれています。これなら、どう努力してきたのか面接担当者にも伝わりやすいでしょう。また、具体例を盛り込むことで、説得力が増す回答になっています。

☑ CHECK

自己PRは「結論」だけを述べても説得力がない。その根拠となる「理由」や「具体例」を述べることで、わかりやすく力強い自己PRになる。さらに、努力して得た「成果・結果」を加えると、より説得力のあるものに。この組み立て方をしっかり身につけよう。

ただの日記のような
心に残らない自己PRは✕

🎬 伝える具体例は普段の生活のエピソードで十分

　自己PRで話すキーワードや具体例は、特別なものである必要はありません。あなたの良さが相手に伝わるキーワードなら、どんな言葉でもいいのです。具体例も普段の生活のエピソードで十分です。

　面接担当者の心をつかむ自己PRのポイントは、あなたの良さが簡潔に、具体的に伝わること。人柄や雰囲気が伝わりにくいオンライン面接では、わかりやすい言葉で伝えることはとても重要です。自分にとっては当たり前のことであっても、伝え方次第で力強いアピールになります。

🎬 残念なのは、「ただの日記」のような自己PR

　「自分にはPRできる要素がない」「なに1つ特徴がない」と話す学生が大勢いますが、それは大きな勘違いです。目立つものだけが特徴ではありません。特別な経験も必要ありません。ただし、多くの学生の自己PRは、「ただの日記」みたいになりがちです。

　特に多いのは「結論」がなく、「具体例」だけを述べている自己PRです。結論＝「自分の良さを表すキーワード」がなければ、あなたがどんな人間なのかが伝わらず、面接担当者の心にも残りません。結論（キーワード）→理由→具体例の組み立てを徹底的に意識しましょう。

> **POINT**
>
> 自己PRのキーワードは特別なものである必要はない。ただし「日記のような自己PR」では説明不足。結論を必ず最初に伝えよう。

自己PRのNG例:ただの日記

「私はファミリーレストランのアルバイトを3年間続けています。週に4日は必ず夕方5時からシフトに入り、いつもより良いサービスができるように意識しています。お客様から「ありがとう」の一言をもらうのが本当に嬉しくて、明日もまた頑張ろうと思います。」

この自己PRは、一見すると良いことをいっているようですが、自分の良さを伝えるキーワード=「結論」がないため、どんな人なのか、何を伝えたいのがまったくわかりません。これは自己PRではなく、ただの日記です。最初に必ず「私は○○な人間です」「私の長所は○○です」といった結論を伝え、その理由や具体例を述べるようにしましょう。

「私は好奇心旺盛な人間です。大学時代は色々なことにチャレンジし、多くの人と出会いました。そこから学んだことを、アルバイト先やサークルでも活かすことができており、周りから評価されるようになりました。今後も色々なことにチャレンジして、多くのことを学びたいです。」

自己PRの結論は話せています。しかし、結論に対する理由、具体例がないため、本当に好奇心旺盛な人なのか判断することができません。なぜ色々なことにチャレンジするのか、また、どのようなことにチャレンジしてきたのか、それらの経験をどのようにアルバイト先やサークルで活かしたのかを具体的に述べるようにしましょう。

☑ CHECK

自己PRはどんな流れで話しても結果として「あなたの良さ」が伝わればいい。でも「結論」が抜けてしまっていたり、「理由」や「具体例」がなかったりすれば、面接担当者にあなたの良さは伝わらない。自分の自己PRが「ただの日記」になっていないかをチェックしてみよう。

12 キーワードと具体例を一致させる自己PRに

▶ キーワードと具体例が一致していることが最重要

　面接担当者の心をつかむ自己PRにするには、自分の良さを伝えるキーワードと具体例が一致していることが重要です。

　就活で納得のいく結果が出せなかった学生の自己PRは、キーワードと具体例が一致していなかったり、ただの事実の羅列になってしまっているケースが多いです。自分がやってきたことを羅列するだけでは、当然自己PRにはなりません。キーワードと具体例がズレてしまっていたら、あなたがどんな人なのかが伝わらず、面接担当者の心に残りません。

▶ 自分の良さをしっかりアピールする

　海外留学やボランティア、インターンシップなど、インパクトのある経験をしている人は、それだけでアピールになると勘違いして、事実を羅列するだけの自己PRになりがちです。

　繰り返しますが、自己PRで重要なのは特別な経験ではありません。内定を獲得できる人は、特別な経験が評価されたわけではないのです。自分の良さをしっかり伝えることができて、「一緒に働きたい」と思ってもえたから採用されたのです。面接担当者が知りたいのは、あなたが「どういう人なのか」です。この基本を忘れないで下さい。

POINT

自己PRはキーワードと具体例が一致していることが重要。それがズレていたり、事実を並べるだけのアピールは、面接担当者の心に残らない。

自己PRのNG例：
キーワードと具体例が一致しない

「私は目標に向かって努力ができる人間です。中学3年では、文化祭の実行委員に立候補し、副委員長を務めました。高校2年の夏休みには、ロサンゼルスに短期留学し、現地の高校生と親睦を深めました。グローバルな感覚を身につけることで成長できたと思います。大学3年生のときは、働くことについて理解するため、2ヶ月間のインターンシップに打ち込みました。自ら積極的に質問し、多くの答えを得ることができました。」

　この自己PRは、一見するとすごい自己PRのように思えますが、キーワードと具体例が一致していないので、どんな人なのかがよくわかりません。「目標に向かって努力できる」が自分の良さなら、文化祭の副委員長として、あるいは留学やインターンシップでは、どんな目標を持ち、それに向かってどんな努力をしたのか、それぞれの具体例を掘り下げるべきでしょう。

就活生に多いNG例は、事実を羅列するだけの自己PRになってしまうことです。また、自己PRで伝えたいキーワードは1つに絞ったほうが面接担当者に伝わりやすいので、何を一番伝えたいのか事前に整理しておきましょう（P114参照）。

☑ CHECK

自分が心から打ち込んだことでなければ、自分を理解してもらえる話にはならない。たとえそれが、世間一般でいう「すごいこと」であっても、「どういう人なのか」がわからなければ、「一緒に働きたい」とは思ってもらえない。なので、自己PRは何度も推敲を重ねてつくっていこう。

⑬ 「なぜ?」「なぜ?」を繰り返し、自己PRを掘り下げよう

▶️ 深掘りされることを想定して具体例を考える

　オンライン面接では、自己PRを深掘りされるケースが多いです。あらかじめそれを想定して、自己PRの「具体例」は、深掘りされても答えることができるエピソードにしておくことが大切です。

　具体例は、ありきたりのエピソードでも問題ありません。重要なのは、なぜその経験から、自分がそういう特徴のある人間といえるのかが伝えられることです。そのためには「自分の良さ」に対して「なぜ?」「なぜ?」と疑問符をつけて、理由をどんどん掘り下げていきましょう。

▶️ 大学時代のエピソードも1つでは不十分

　たとえば、学生時代に部活に打ち込んだ人なら「なぜ自分は部活に打ち込んだのか?」を検証します。「試合に負けたのが悔しかったから」「負けず嫌いな性格だから」と思ったら、次は「なぜ負けたことが悔しかったのか?」「なぜ負けず嫌いなのか?」と、「なぜ?」を繰り返して、さらに深く掘り下げて、自己分析を繰り返していくのです。

　そうして自分の過去やバックグラウンドを探っておくと、面接担当者に深掘りをされても、スムーズに答えることができます。学生時代のエピソードも1つだけではなく、5つは用意しておくといいでしょう。

> **POINT**
>
> 自己PRの具体例は、深掘りされても答えられるエピソードでなければならない。ひとつだけではなく、5つはエピソードを用意しておこう。

自己PRの掘り下げ方：
「なぜ？」の理由を探り、自分の本質に迫る

なぜ自分は部活に打ち込んだのか？

試合に負けたのが悔しかったから

なぜ負けたのが悔しかったのか？

負けず嫌いな性格だから

なぜ負けず嫌いな性格なのか？

優秀な姉に負けたくないから

なぜ姉に負けたくないのか？

両親に自分のことも評価してほしいから

　このように自己PRを掘り下げていくと、自分にとって「つらい過去」と向き合うこともあります。しかし、それによって「両親に認められたい」「姉を超えたい」という強い思いが自分のすべての行動の原動力になっていたことに気づけたりします。実際にこういうケースで「私は高い目標を設定し、それを乗り越える努力ができます」と自己PRして、第一志望の企業に内定した学生もいます。自己PRを掘り下げ、自己分析を深めていくことは、オンライン面接突破の重要なポイントです。

☑ CHECK

　たとえネガティブな感情がエネルギー源になっていたとしても、それをきちんと振り返ることで、自分の本質に改めて気づき、自己PRのキーワードにすることができる。そうして見つけたキーワードは、深掘りされてもブレたりしない。そういうキーワードを見つけよう。

近年は中学・高校生活についても聞かれるので注意！

▶️ 大学だけでなく、中学・高校時代も深掘りされる

オンライン面接が一般化したことによる最も大きな変化の1つは、中学・高校時代の質問が増えたことです。対面式の面接が中心だったころは、基本的には大学時代の話しか聞かれませんでした。しかし現在は、中学・高校時代についても深掘りする企業が増えています。

その理由は、学生の本質をつかむためです。画面越しの面接では、その学生がどんな人間なのかがわかりづらいため、さまざまな角度から質問して、応募者のことをより深く理解しようとしているのです。

▶️ 部活、学校生活、校風など、質問は多岐にわたる

質問も多岐にわたります。「中学時代に打ち込んだことは？」「高校時代に打ち込んだことは？」といった基本的な質問だけでなく、部活、学校生活、学校の特徴、校風など、幅広い質問が行われます。

こうした質問に答えるためにも、自己分析では、中学・高校時代についても深く掘り下げておきましょう。答え方はこれまで説明してきたことと同じです。自分の良さを表すキーワードを軸にして「結論→理由→具体例」で伝えます。大学で打ち込んだことには、中学・高校の経験が大きく影響しているはずです。現在と過去をつなげて考えてみましょう。

> **POINT**
>
> オンライン面接では、中学・高校時代について深掘りされることが多い。自己分析をする際に、中学・高校時代も掘り下げて準備をしておこう。

参考例:中学・高校時代を振り返るポイント

●中学・高校時代に打ち込んだこと、思ったこと

中学時代に 打ち込んだこと	◎生徒会の活動 ◎副会長として頑張った
きっかけ	◎中2で仲良しだった山角さんと一緒に立候補 ◎部活以外のことにもチャレンジしたかった
打ち込んだ 理由	◎選挙で当選したことが自信になった ◎同級生からの期待に応えたかった
活動	◎最も大きな行事は体育祭と文化祭 ◎これまでと変えたいと思い、話し合いを繰り返した ◎出し物についても何度も話し合いをした
困難	◎各部長やクラス委員、先生との意見の調整 ◎どうしたら全員が納得する出し物になるか悩んだ ◎部活の時間とのやりくりも大変だった
結果	◎「昨年と変わった」と近所の人から高評価 ◎生徒が一致団結できた
得たこと	◎話し合うこと、説得することの重要性がわかった ◎変革し、成功することは何よりも達成感がある
今	◎演劇サークルの活動でも話し合いを大事にしている ◎YouTubeを活用した変革を実行している

　このような表をつくって、中学・高校時代についても詳しく振り返っておきましょう。まずは上記のように「自分が打ち込んだこと」を書き出し、それぞれの項目について「なぜ?」「なぜ?」と深く掘り下げていくのが大事なポイントです。それによって面接担当者から深掘りされても困らなくなります。

◦ ☑ CHECK ....

中学・高校時代の質問が増えても、やることは変わらない。自己分析を深めておけばいい。中学・高校時代のことは、面接で急に聞かれてもすぐに答えられなかったりするからこそ、事前準備をして、どんな質問にも答えられるようにしておこう。

複数回にも及ぶ面接の対処法とは

▶️ 面接の回数が増えている。最高 10 回というケースも

オンライン面接になって面接回数が増えています。すべての学生に当てはまるわけではありませんが、企業が判断に迷う学生は、面接回数が5〜6回ということも多く、7〜8回というケースもあります。

私が把握している限りの最高面接回数は、なんと 10 回。そこまでしないと企業は内定を出す決心ができなかった、または学生の判断ができなかったということでしょう。画面越しの面接は、それだけ双方にとって伝わりづらく、わかりづらいため、事前準備がとても大事になってきます。

▶️ 最重要ポイントは「等身大の自分」を伝えきれるか

面接回数が多い学生に共通しているのは、「等身大の自分」を表現しきれていないことです。オンライン面接では、質問がどんどん深掘りされるので、印象に残るようにインパクトのあることをいおうとすると、ほころびが生まれ、最後まで答えられなくなります。自分の発言に責任をもち、「等身大の自分を表現すること」がとても大切です。

何度受けても通過できない人は、面接担当者があなたを判断することができていない、理解できていないから次に進めないということです。志望動機や自己 PR を改めて見直して、次のステップに進みましょう。

> **POINT**
>
> オンライン就活では、企業が判断に迷う学生は何度も面接が行われる。「等身大の自分」を表現できているかを振り返り、面接の伝え方を修正しよう。

面接回数が多いときのチェックポイント

☐ **自分自身をきちんと理解していたか？**

面接で最も大切なのは「自己分析」です。自己分析がしっかりできていれば、自分の良さや特徴を理解できているはずです。面接を通過できなかったら、改めて自己分析をやり直してみましょう。

☐ **自分の良さや特徴を相手に伝えられたか？**

自分の良さや特徴が相手に伝わらなかったら、採用には結びつきません。過去の経験やエピソードを振り返って、もっと説得力のある伝え方に変える必要があります。

☐ **自信をもって自分の経験を話せたか？**

面接では、自分に自信をもつことが大切。「自分はありきたりの経験しかしていない」などと自信がないような態度では、相手も内定を出すことに不安を感じてしまいます。

☐ **仕事へのやる気や熱意をアピールできたか？**

オンライン面接では、志望度合いが非常に重視されます。仕事へのやる気や熱意がアピールしきれていないのかもしれません。志望動機をもう一度しっかりと見直してみましょう。

☐ **「等身大の自分」を表現できたか？**

面接では、自分をよく見せたいと思いがちです。立派なことをいおうとしたり、特別な経験を話そうとして背伸びをすると、ほころびが生まれます。面接は「等身大の自分」で臨みましょう。

☑ CHECK

面接は一度きりではない。1つの面接は、次回に活かせる反省材料にもなる。次の選考に進めなかった場合は、その面接で話したことを次の面接で話しても結果は同じ。これまでの面接をじっくりと振り返り、志望動機や自己PRの伝え方を変えていこう。

⑯ インターンシップ選考 ならではの注意事項

▶️ オンライン選考になり、倍率も上がっている

インターンシップ選考も、オンライン面接が増えています。インターンシップが本選考や内定に結びつく傾向は年々強まり、またオンライン選考の普及によって全国どこからでも参加できるようになったため、どの企業のインターンシップも応募倍率が非常に上がっています。

1day仕事体験ならエントリーシートのみでOKという企業が多くありますが、5日間のインターンシップやそれ以上の期間の場合、面接選考がある企業がほとんど。インターンシップに参加するには、本選考と同様の準備が必要です。

▶️ 志望動機・自己PR・1分間動画

選考方法は企業によって異なりますが、文章でアピールする志望動機や自己PRに加え、「1分間動画選考」というスタイルが増えています。動画選考は限られた時間内で自分の良さを伝えなくてはいけないので、「結論→理由→具体例→（成果・結果）」の話し方は必須です。

面接も人間性を深く知るための質問が用意されています。中高時代についても聞かれるので、どんなに深掘りされても答えられるくらいに自己分析を極めておく必要があります。志望度合いも深掘りされ、志望理由も明確にしておかなくてはなりません。万全の準備で臨みましょう。

> **POINT**
>
> インターンシップ選考もオンライン化して選考のハードルが非常に上がっている。志望動機・自己PR・動画選考のすべてで事前準備が必要。

インターンシップ面接を突破する３つの対策

1 志望動機

インターンシップ選考であっても非常に深くまで聞かれます。第一志望か、第一志望群なのか、どんな業界・企業を受けているのかなど、本選考さながらに深掘りされます。

なぜその企業のインターシップに応募したのか、その理由を自分の中でハッキリさせておかなくてはいけません。

2 自己PR

あなたがどんな人間なのか、徹底的に深掘りされます。大学生活だけでなく、中学・高校時代に打ち込んだことも聞かれるケースが多いです。どんな質問にも答えられるように自己分析を徹底しておきましょう。

オンラインならではのコミュニケーション力を磨いておく必要もあります。

3 動画選考

事前に質問を渡され、1分などの決められた時間内に録画して送る場合と、指定されたサイトで一発撮りの場合があります。

短い時間で自分の良さを伝えるには、「結論→理由→具体例→（成果・結果）」の組み立ては必須です。一発撮りは撮り直しができないので、事前の練習が不可欠です。

オンラインインターンシップの面接は、就職アドバイザーを20年以上している私もびっくりするほど厳しいです。2020年夏のインターンシップでは、私が指導する就職塾の多くの学生が落選してしまいました。本選考と同じか、それ以上に徹底した準備をして選考に臨みましょう。

自己PR動画のつくり方の基本と応用

▶️ 自撮りして送る場合と、ライブ録画の２パターン

　動画選考には、自己PR動画を自分で撮影して送る場合と、指定されたサイトにアクセスしてライブ録画する２つのパターンがあります。最近は後者が多く、事前に１つか２つの質問を渡され、１分などの決められた時間内に回答を録画して送るスタイルが主流になってきました。

　ライブ録画は一発勝負です。カメラがいったん回ったら、途中で撮り直しはできません。事前に何度も回答の練習をして、キーワードを書いた付箋をモニターの上に貼っておくなどの対処が必要になります。

▶️ 300字、500字、800字の自己PRの用意を

　動画選考の質問は、自己PRや学生時代に打ち込んだこと以外に、あるテーマに対する回答を求められることもあり、企業によってさまざまです。時間も企業によって異なり、30秒から１分程度。２つの質問を事前に渡され、それぞれの答えを１分半×２本に収める場合もあります。

　いずれにしても限られた時間内に「自分の良さ」や「打ち込んだこと」を語って自己PRしなくてはいけません。「結論→理由→具体例→（成果・結果）」で話すのはもちろん、事前に300字、500字、800字の回答を用意して、録画時間に合わせて使い分けるといいでしょう。

> **POINT**
>
> 自己PR動画は、撮り直しができない場合が多い。300字、500字、800字の自己PRを事前に用意し時間に合わせて使い分けると良い。

エントリーシートの丸暗記はNG！
付箋を活用しよう

　自己 PR 動画は、事前練習が必須です。ただし、エントリーシートの丸暗記は NG。300 字、500 字、800 字の自己 PR を用意しても、それを棒読みするだけでは、面接担当者の心をつかむことはできません。自己 PR や質問に対する回答は箇条書きで覚え、気持ちを込めて話すことが重要です。たとえ目の前に面接担当者はいなくても、いることを想像して、カメラに向かって語りかけましょう。

　大事なキーワードは忘れないように付箋に書いて、モニターの横に貼っておくのがおすすめです。

☑ CHECK

　自己 PR 動画は、時間との戦い。特にライブ録画の場合は、撮り直しがきかない。時間に合わせて文章を何度も調整し、自然に話せるように覚えて「これでイケる！」となったときに録画しよう。締め切りギリギリだと失敗する確率が高いので、早めに準備しておくことが大事。

18 自己PR動画は内容はもちろん見映えも重視

▶ 年々難しくなる動画選考。真剣に向き合う準備を

動画選考でもう1つ大事なポイントは、質問が年々難しくなってきています。企業から事前に出題される質問は、1〜2週間はその問題と真剣に向き合わないと答えられないレベルになっています。

ちょっと準備すれば答えられるような問題では、なかなか学生の差はつけられません。企業側からすれば、ある程度のふるい落としといえるでしょう。志望動機や自己PR、学生時代に打ち込んだことなどの定番質問だけでなく、以下の2点についても準備しておく必要があります。

▶ 日本が抱える問題や学業に対する意識も高めよう

1つは、今日本が抱えている問題を考えておくこと。「最近気になったニュースは？」という質問は例年ありますが、2020年は「コロナ関連以外で」と指定する企業が多くありました。アンテナを張って、社会や時事問題への関心を高めておきましょう。

もう1つは、大学での得意科目や論文のテーマなど、学業に関する質問です。動画選考は人柄が伝わりにくいため、学生の本分である学業を判断材料にする企業が非常に増えています。大学で興味のある科目は、人に語れるレベルにまで仕上げて、しっかり準備しておきましょう。

> **POINT**
>
> 動画選考の質問は年々難しくなっている。日本が抱えている課題や問題、大学における学業に関する質問にも答えられるように準備しておこう。

動画選考では「映え」も大事なポイント

　動画選考は、見映えも重要です。オンライン面接をしている多くの面接担当者が「顔が明るく映ると、性格の明るさや元気さを感じる」と語っています。対面では明るさや元気さが肌で伝わりますが、オンラインでは限られた情報しか相手に伝わりません。

　だからこそ、光の調整がとても重要です。自撮り用のリングライトなどを活用し、光の加減で顔を映えさせましょう。部屋の明るさにも注意して、動画撮影を行うことが大切です。

☑ CHECK

動画選考では、時事問題や学業に関する質問が増えている。これまでは学業が疎かでも人柄で判断されることも多かったが、人柄が伝わりにくいオンライン面接が主流になると、学生の本分が重視されるようになった。総合力を上げて、オンライン選考を突破しよう。

—{ コラム }—

オンラインインターンシップの心得

インターンシップに絶対参加するべき3つの理由

　インターンシップは、もともとは職業体験をするイベントでしたが、オンライン化されたことで、現在はグループワークやグループディスカッションが中心になっています。これには参加すべき3つの理由があります。

①学生と企業の相互理解の場

　職業体験はできなくても、インターンシップは企業と学生の相互理解の場です。選考やグループワークなどを通じて自己PRもできます。志望企業の社員と実際に関わることで、企業理解を深めることができます。

②今後の職業選択にも必ず役立つ

　グループワークは、企業や業界に関するテーマについて議論を深めます。そこから刺激をもらい、その業界や企業について調べていくキッカケになります。必然的にアンテナを高くもち、いろいろな情報を集めることになるので、今後の職業選択にも必ず役立ちます。

③早い時期に就活対策ができる

　インターンシップにも、動画選考やオンライン面接があります。早い時期から就活体験ができるので、本番前に自分の改善点が見つかります。グループワークやグループディスカッションであまり会話できなかったとしても「自分は人前で話すことが苦手なんだ」と気づき、改善できます。

参加するだけでもメリットがいっぱい！

　インターンシップは、参加するだけでも意味があります。志望企業をとことん吟味するよりも1day仕事体験に積極的に応募し多くの業界や企業を知り、視野を広げることが大切です。就活は事前準備がすべて。できるだけ多くのインターンシップに参加して、本番に向けて準備を進めましょう。

第 5 章

オンライン面接の
頻出質問と答え方

オンライン面接は、面接担当者が学生の雰囲気を直接肌で感じることができません。その結果、より学生を理解するために、中学時代や高校時代のことについて聞かれるケースが増えています。また１つの質問や回答に対して、深掘りするような質問を投げかけられることも。本章を参考に、自分らしい回答ができるようにしましょう。

① 自己PRして下さい

どのような人間であるか、どのような性格や特徴をもっている人間なのかを知りたい。自分自身のアピールポイントを理解しているのか、把握しておきたい。

NG
Answer▶▶▶

小学生のころから12年間、剣道を続けています。中学では県内3位になることができました。優勝はできませんでしたが、その後も剣道を続け、高校では県大会で優勝し、念願の全国大会に出場することができました。大学2年生のときには、四段を取得できました。小学生の頃から剣道を続けてきたからこそだと思います。

\ NG 理由 /

自己PRの伝え方は「結論→理由→具体例→（成果・結果）」が基本です。最初に述べるべき「私は○○な人間です」という結論が抜けてしまっているため、どのような人間なのか、何をアピールしたいのかが明確になっていません。

GOOD Answer ▶▶▶ 私は継続力のある人間です。小学生のころから 12 年間、剣道を続けています。中学時代は、県大会優勝を目指して、毎日欠かさず練習を行っていました。優勝はできませんでしたが、県内3位という結果を残すことができました。その後も剣道を続け、高校では県大会で優勝し、念願の全国大会に出場することができました。大学2年生のときには、四段を取得し、指導者の立場になりました。現在は近くの剣道教室で小学生の指導をしています。四段まで取得できたのは、小学生のころから日々努力し剣道を続けてきたからこそだと思います。私はこの経験から、何事も途中であきらめず継続することで、目標を達成できると思っています。

\GOOD 理由/

継続力のある学生であることが、しっかり伝わってくる回答です。その理由であるエピソードも具体的に説明できているので、とても説得力があります。このように具体的な行動を話すことで、自分のアピールポイントが面接担当者に伝わります。

深掘り質問に備えよう！

● なぜ剣道を始めようと思ったのですか？
● 途中で挫折しそうになったことはありませんでしたか？
● 指導者になって感じたことは何ですか？

Q ② 学生時代に打ち込んだことは何ですか?

物事に対して、どのような考え方で、どのような態度で取り組むことができるのか、熱意や意気込みを知りたい。なお、打ち込んだ体験は短期間でもOK。

NG
Answer ▶▶▶

私は、大勢の人とかかわるのが大好きなので、大学1年から3年にわたって文化祭実行委員を引き受けました。10月に開催されますが、準備は2ヶ月前の夏から始めます。私の仕事は、体育会系、文化系合わせて、70以上のクラブの調整です。大勢の人たちをまとめることで、コミュニケーション能力やリーダーシップ力が養われました。

\ NG理由 /

なぜ、文化祭実行委員に力を入れたのか、コミュニケーション能力やリーダーシップ力が、どのように養われて、どのように発揮できたのかなど具体的なことが1つも書かれていません。そのため、面接担当者は学生がどのような人物なのか判断することができません。

GOOD
Answer ▶▶▶

　私は大学の文化祭実行委員に打ち込みました。それは、中学・高校時代に取り組んだ体育祭実行委員のときのように、充実感を味わいたいと思ったからです。文化祭実行委員の仕事は、体育会系、文化系合わせて、70以上のクラブの調整が中心です。考え方が違うメンバーを取りまとめるのは本当に大変です。文化祭の目的や目標を皆に理解してもらえるよう、毎日地道にコミュニケーションを取ってきました。納得してもらえないこともありましたが、根気よく話を聞き、相手の考えを理解しようと努めました。結果として、文化祭実行後には、クラブの方からお褒めの言葉や感謝の言葉をたくさんいただきました。大変でしたが、濃度の高い秋の2ヶ月間となり、充実感を味わうことができました。

\ GOOD 理由 /

面接担当者が知りたいのは「どういう人間なのか」。打ち込んだ体験そのものは何でもかまわないですし、期間が短くても問題ありません。事例はたったの2ヶ月の体験にもかかわらず、物事に対する学生の粘り強さが伝わってくる回答です。

深堀り質問に備えよう！

- その結果、成長したと思う点はどこですか？
- 後悔や反省している点はありますか？
- どのような方法でコミュニケーションをとったか、具体的に教えてもらえますか？

Q ③ 今までに苦労したことを どう乗り越えましたか？

面接担当者の意図

苦労したことに対して、どのように考え、乗り越えたのか、その内容と対策を知りたい。苦労した体験を、今どのように活かしているのかが知りたい。ストレス耐性も探りたい。

NG
Answer ▶▶▶

高校時代に所属していた写真部の部員数が少なくて、解散の危機に陥ったことです。そこで文化祭の初日に服飾部とコラボしてファッションショーを開催し、翌日にはその写真展も行いました。それが話題になり、8名の1年生が入部してくれて、部として存続できることになりました。

この回答は、結果しか書かれていません。具体的なプロセスが抜けてしまっているので、苦労したことに対して、どのように考え、乗り越えたのかが伝わってきません。これでは、面接担当者は学生がどのような人物なのかを判断することができないでしょう。

GOOD
Answer ▶▶▶

　高校時代に所属していた写真部が、解散の危機に陥ったことです。私が2年生のときに部員が3名になってしまい、学校から解散を申し渡されました。そこで先生や生徒会に交渉して半年間の猶予をいただき、部員集めに奔走しました。部員が少ない原因は、活動が知られていないことだと考え、文化祭の初日に服飾部とコラボしてファッションショーを開催し、翌日にはその写真展も行いました。服飾部との交渉やモデル集め、一晩で写真展の準備をするのはとても大変でしたが、校内でも話題になりました。文化祭が終わってから、8名の1年生が入部してくれて、部として存続できることになりました。私はこの経験から、あきらめずに目標に向かって取り組めば、必ず結果が出せると感じました。

\GOOD 理由/

苦労した様子と、それをどう乗り越えたのかが、よく伝わってくる回答です。苦難の原因を考え、アイデアを絞り、周囲の協力も取りつけ、状況を変えられる人だとわかりました。バイタリティのある人であることもうかがえます。

深掘り質問に備えよう！

●学校や生徒会に、どのように交渉したのですか？
●今、その経験はどう活かせていますか？
●ほかにも同じように苦労したことはありましたか？

Q ④ アルバイト経験があれば教えて下さい

どのような仕事や物事に興味をもっているのかを知りたい。アルバイトをしたときに、どのような行動や考え方をするのか、また、どんな働き方をするのかを知りたい。

NG
Answer ▶▶▶

書店でアルバイトしています。理由は本が好きだからです。店長から、今はインターネットや電子書籍の影響で本の売上が落ちていると聞きました。そのため接客をするだけでなく、新刊の POP を書く仕事もしています。大好きな本に仕事としてかかわることができて、とてもやりがいを感じています。

\ NG 理由 /

本が好きなことはわかるのですが、どのように働いているのか、仕事に対する行動や考え方が伝わってきません。本の売上が落ちていることに対して、どう感じているのか、自ら行動したことはないのか、あなた自身の人間性を伝える内容が必要です。

GOOD
Answer▶▶▶

書店でアルバイトしています。私は今まで本から多くのことを学んできたので、本の良さを1人でも多くのお客様に伝えたいと思っています。店長から今はインターネットや電子書籍の影響で本の売上が落ちていると聞きました。そこで少しでも多くの人に興味をもってもらえるように、自分が読んで面白かった本はPOPを書かせてほしいと店長にお願いしました。それがお客様の目にとまるようになり、少しずつですが、これまで売れなかった本の売上が伸びてきました。それを評価していただいて、新刊のPOPも書くようにお願いされました。仕事として新しい本を読むことができて、多少なりとも売上に貢献できるようになって、とてもやりがいを感じています。小さなことでも、一歩踏み出すことによって、何かを変えられる。私は仕事についてそんな風に感じています。

\\ **GOOD 理由** /

本が好きというだけでなく、自ら積極的に行動し、結果を出せる人であることが伝わってきます。仕事についての自分の考え方も述べられており、質問の意図をよく理解した回答です。面接担当者も一緒に働きたいと思うでしょう。

深掘り質問に備えよう！

- ●どのようなPOPを書かれたのですか？
- ●もっと売上を伸ばすには、どうしたらいいと思いますか？
- ●書店以外の仕事でも同じように働けますか？

Q ⑤ あなたの短所は何ですか？

短所も含めて、自分のことを理解しているのかを知りたい。短所とどのように向き合っているのか、短所を踏まえた対処の仕方を確認したい。入社後も短所と向き合っていけるのかもチェックしたい。

NG
Answer ▶▶▶

　私の短所は、周囲に対する気遣いを忘れがちなところです。ただ、裏を返せば、目の前のことに対して高い集中力を発揮できる長所でもあると思います。実際、3年間続けた居酒屋のアルバイトでは、バイトリーダーに指名されました。お店をしっかり回し、アルバイトの指導でも力を発揮しています。

\ NG 理由 /

短所も裏を返せば長所になる。これは事実です。しかしこの回答では、質問の答えになっていません。面接担当者には「短所との向き合い方を聞きたいのに、はぐらかされた」と思われてしまい、あなたのことを面接担当者に理解してもらえません。

GOOD
Answer ▶▶▶

　私の短所は、1つのことに一生懸命になりすぎる点です。3年間続けた居酒屋のアルバイトではバイトリーダーに指名されたのですが、お店を回すことで精一杯になり、新人の指導は後回しになってしまいました。その結果、5名の新人が辞めてしまいました。新人指導はバイトリーダーの大事な役割です。人材確保が難しい時代に大変なことをしてしまったと、強く責任を感じました。そこで LINE でグループをつくって、相談してもらうようにしたり、可能な限り声をかけたりして、コミュニケーションをとるように心がけました。その結果、新しく入った3名のアルバイトは今も辞めずに頑張ってくれています。今後も自分の置かれた状況と役割を俯瞰し、周囲に対する気遣いを常に忘れないようにしたいです。

＼**GOOD** 理由／

自分の短所についてエピソードも踏まえて、しっかり語れています。短所との向き合い方、改善の仕方も明確なので、「自分を客観的に見て行動できる人」という印象を受けます。面接担当者も入社後の活躍が具体的にイメージできるでしょう。

深掘り質問に備えよう！

- あなたの長所は何ですか？
- あなたは人からどう見られていると思いますか？
- 今まで一番つらかったことは何ですか？

Q ⑥ 中高時代に打ち込んだ ことは何ですか？

中学・高校時代に、どんなことに興味をもち、どのように打ち込んでいたのか、そのことが現在にどう影響しているのか、この学生を深く理解する手掛かりにしたい。

NG
Answer ▶▶▶

野球部の活動です。中学・高校では野球部に所属し、毎日練習に励んでいました。中学ではレギュラーとして全国大会に出場できました。高校は最後の試合で2塁打を打つことができました。大学でも野球部に所属し、レギュラーとして活躍しています。私は野球を通じて、努力は決して無駄にならないと感じています。

\ NG 理由 /

事実を並べるだけの「ただの日記」のような回答になってしまっています。面接担当者が知りたいのは、その学生がどういう人間であるかです。野球に対して、どのような気持ちで、どのような努力をしたのか、その点を詳しく伝えましょう。

146

GOOD
Answer ▶▶▶

野球部の活動です。チーム一丸となって取り組むことに達成感を感じていました。中学ではレギュラーとして全国大会に出場できましたが、高校は選手層が厚く、レギュラーになれませんでした。それでも試合に出場できる日が来ると信じて、練習は一度も休んだことがありません。朝と放課後、毎日5時間の練習に参加し、帰宅後も毎晩30分間素振りをしていました。高3の夏の大会では、ついに準々決勝で代打として起用されました。これまでの努力をすべて実らせようと気合いを入れ、2塁打を打つことができました。試合には敗れ、それが最後の試合となってしまいましたが、チームが一丸となって試合に臨むことができ、充実した部活生活だったと感じています。

\\GOOD 理由/

中高時代に野球部の活動に打ち込んでいたことが、とてもよくわかる回答です。目標に向かってコツコツ努力できる人物であることも、しっかり伝わってきました。仕事に対しても同じ姿勢で臨んでくれることが期待できます。

深掘り質問に備えよう！

●野球をやめたいと思ったことはありませんでしたか？
●これまで一番悔しかったことは何ですか？
●人生のターニングポイントになった出来事は何ですか？

Q ⑦ 志望動機を教えて下さい

なぜこの会社を志望したのか、理由を知りたい。同業他社ではなく、なぜ当社なのか、具体的に確認したい。当社に対する熱意や意欲など、志望度合いの高さもチェックしたい。

NG Answer ▶▶▶

旅行が大好きだからです。旅行代理店の仕事は、お客様の一生の思い出づくりができる仕事だと思います。私も今までさまざまな旅行をしてきました。その思い出は、生涯忘れることはないと思います。御社の一員になることで、多くの人々の思い出づくりのお手伝いをしたいと考え、志望いたしました。

\ NG 理由 /

旅行代理店ならどの会社でも通じる、ありきたりな内容になってしまっています。「この会社で働きたい！」という理由が語られていないため、熱意や意欲も感じられません。企業研究をし直して、この会社ならではのアピールをする必要があります。

GOOD
Answer ▶▶▶

　私が旅行代理店を志望したのは、誰かにとって一生の思い出になるかもしれない旅のお手伝いができると考えたからです。中でも御社を志望したのは、他社とは異なるオリジナリティの高いツアーを多く企画されているからです。大学1年の夏に、御社が企画するチュニジア・ツアーに参加しました。地中海の美しい街やサハラ砂漠の光景は、決して忘れることはないと思います。お客様の様子を見ながら臨機応変に行動する添乗員の方の姿にも感動しました。チュニジアの歴史についても詳しく解説していただき、世界史への関心が高まり、視野が大きく広がりました。OB・OG訪問でお会いした社員の皆様が自分の仕事に誇りをもっていることにも感銘を受け、私も御社の一員として働きたいと思いました。

\GOOD 理由/

なぜこの会社を志望したのか、その理由がしっかり伝わってくる回答です。ただ旅行が好きで旅行代理店に応募する志望者が多い中、運営側の視点にも立った志望動機を語れています。この企業ならではの理由も語られており、志望度合いの高さが感じられます。

深掘り質問に備えよう！

●あなただったら、どのようなツアーを企画しますか？
●コロナ禍で旅行業界が苦しくなっていることはご存知ですか？
●ほかに気になる旅行代理店はありませんか？

Q ⑧ 他社の選考状況を 具体的に教えて下さい

内定を出した際に、実際に入社してくれるかどうかを知りたい。受けている会社の志望度合いや志望順位を確認したい。他社の選考状況を知ることで、判断基準の軸がブレていないかチェックしたい。

NG
Answer▶▶▶

まったく進んでいません。御社が第一志望なので、御社のみに集中しています。ほかのアパレルメーカーとは異なり、御社では営業でも企画・提案ができ、モノづくりに深くかかわることができると会社説明会で教えていただきました。できることなら、御社の一員として仕事をさせていただきたいと考えています。

＼ NG 理由 ／

志望度の高さをアピールするのは大事なことですが、他社の選考も進んでいるのなら、正直に伝えても問題ありません。この回答では、逆に「同業他社もあるのになぜ？」と疑問を抱かれたり、「視野の狭い学生かもしれない」と思われることもあります。

GOOD
Answer ▶▶▶

現在、5社の選考が進んでいます。A社とB社は一次面接の結果待ち、C社とD社は二次選考の結果待ち。明日はE社の二次面接ですが、私は御社の選考が進むことを一番に願っています。といいますのも、御社が扱う「素材」の分野に非常に興味をもっているからです。9年間水泳を続けてきた私は、最新の競泳水着を通して「素材」のもつ力に強く興味を惹かれました。ほかのアパレルメーカーとは異なり、御社では営業でも企画・提案ができ、モノづくりに深くかかわることができると会社説明会で教えていただきました。また、スケジュール管理や目標設定など、すべて個人に委ねられている自由度の高い社風にも惹かれています。できることなら、御社の一員として仕事をさせていただきたいと考えています。

\GOOD 理由/

基本的には、他社の選考状況をわかりやすく伝えればOKです。ただ、オンライン面接では志望度合いの高さがチェックされています。この回答のように第一志望であることを伝え、その理由を詳しく述べることで、志望度合いの高さを強くアピールできます。

深掘り質問に備えよう！

● 他社が先に内定を出したらどうしますか？
● 当社に受かったら、就職活動をやめますか？
● 他社でも同じような話をしていませんか？

Q ⑨ 当社でやりたいことは何ですか？

面接担当者の意図

この会社で働くイメージできているのか知りたい。この会社でやりたいことが具体的に見えているのか確認したい。当社に対する志望度合いの高さを探りたい。

NG
Answer ▶▶▶

世界に通用するような商品開発をしていきたいです。私たちの生活に密接にかかわっている企業の多くは海外のものです。私は日本人として、いつも悔しい思いをしていました。世界に通用するような商品開発をして、日本人の力を世界に示したいです。

\ NG 理由 /

具体的なことを語っていないため、この会社でやりたいことが何も見えてきません。大きな夢を抱くのは悪いことではありませんが、その夢を実現するために、自分には何ができるのか。そこから見極めましょう。

GOOD

Answer ▶▶▶

　入社後は、まず営業として多くのお客様と接しながら業界の知識を身につけ、将来的には商品開発の仕事を担当したいです。私はファストフード店で2年間アルバイトをしていました。新商品が売れなかったときなど、学生仲間によく意見を聞いていました。すると「ここがダメ」とか「こういう商品があったらいいのに」と、いろいろな意見を聞けて、アルバイトの立場ではありましたが、「もっとお客様の声を聞いてほしい」などと考えておりました。ですから、まずは営業として多くのお客様の声を直に聞いて、どんな商品が求められているのかを肌で感じ、そのうえで商品開発にたずさわっていきたいです。そして、お客様の視点に立った商品開発をすることで御社に貢献していきたいです。

\GOOD 理由/

入社から数年後までのキャリアビジョンが具体的に話せています。「まずは営業を経験してから商品開発をしたい」という理由も明確に述べられています。この会社でやりたいことが伝わってきて、志望度合いの高さが感じられます。

深掘り質問に備えよう！

- ●希望する部署に配属されなかったらどうしますか？
- ●当社の課題は何だと思いますか？
- ●営業職の仕事は具体的にイメージできていますか？

Q ⑩ なぜ、この業界を 志望しているのですか？

なぜこの業界と当社を志望しているのか、その理由を知りたい。この業界でどんなことをしたいのか、具体的な展望をもっているかどうか確認したい。

NG Answer ▶▶▶ 生命保険は、人の役に立てる仕事だと思ったからです。ホームページを見て「私にぴったりの仕事だ」と感じました。中でも御社は業界トップの企業ですから、より多くの人の役に立てるはずです。人の役に立てる仕事であれば、どんなに仕事がつらくても耐えられると思います。一生懸命頑張ります。

＼NG 理由／

どんな業界でも通用してしまう典型的な NG 回答です。この会社を選んだ理由も「業界トップ」だけなので、非常に浅はかな印象を受けます。なぜ生命保険業界なのか、この会社なのか、もっと具体的に伝えなければ、面接は突破できません。

GOOD
Answer ▶▶▶

　10年前に母ががんになり、がん保険に助けられたことがあります。母からその話を聞き、私は保険という商品に興味をもつようになりました。そして、人をサポートする仕事の大切さを知り、私もそういう仕事をしたいと考えてきました。就活を始めた当初は「保険は万一のときのためのもの」と考えていましたが、会社説明会で「近年は人生をトータルで考えた生活設計に応えることが必要とされている」と聞いて、ますます興味をもつようになりました。営業として生命保険を上手に使うことを広く伝えながら、多くの人をサポートしていきたいです。

＼GOOD 理由／

なぜ保険業界で働きたいのか、なぜこの会社を志望しているのか、その理由がしっかりと伝わってきます。母親ががん保険に助けられたという家族の経験を踏まえたうえで、何をどのようにしたいのかが、きちんと伝えられています。

深掘り質問に備えよう！

● 保険の営業の具体的なイメージはできていますか？
● 当社でのキャリアプランを考えていますか？
● 営業に必要なことは、何だと思いますか？

Q ⑪ どのようなことを重視して就活を行っていますか？

面接担当者の意図

どのような考え方や軸をもって企業を選択しているのか知りたい。そこから人間性や特徴も見たい。自分が当社で働くことを具体的にイメージしているかも探りたい。

NG
Answer ▶▶▶

安定した環境で働けることです。土日はしっかりと休みが取れ、有給や残業代など、給与制度もきちんとしていることが大事だと考えています。資格取得や家賃補助など、福利厚生も充実している会社が希望です。定年まで働くことができる安定した環境で、人間として成長していきたいです。

\ NG 理由 /

この回答からは、どのような仕事をしたいのか、どのように成長したいのかが一切わかりません。休みや給料だけが大事で、仕事内容はどうでもいいように感じられます。仕事に対する意欲が感じられない学生が内定を獲得するのは、難しいでしょう。

GOOD
Answer ▶▶▶

　人と接することで、自分を高められる環境かどうかです。私は大学時代、ファストファッションの店で2年間アルバイトしていました。その経験から、お客様と対話しながら、お客様が求めている美しさをともに見つけ出していく喜びを知りました。そのため、今後はさらに高いレベルの接客や商品の品質、そして心の豊かさを求めるお客様が多い百貨店を志望しました。御社は他社よりも、オリジナルの高品質な商品が数多くあります。洋服、化粧品、アクセサリー、雑貨など、女性にとって大切な商品の幅広い知識を学ぶとともに、どんな世代のお客様にも満足していただける接客を心がけることで、御社に貢献したいです。

＼GOOD 理由／

アルバイト経験をもとにした仕事選びの軸が、しっかりと伝わってきます。「なぜこの企業だと自分を高められるのか」も明確に述べられており、百貨店を志望する理由に説得力があります。成長意欲の高さも、力強いアピールポイントになっています。

深掘り質問に備えよう！

- これまでの接客で最も印象的なエピソードは何ですか？
- ほかにどんな企業を受けていますか？
- ファッション以外の部署に配属されたらどうしますか？

⑫ 最近印象に残った ニュースは何ですか?

どのようなニュースに興味をもつのか知りたい。そのニュースに対する意見や考え方から人間性や特徴を探りたい。志望業界や企業に関する情報にアンテナを張っているのか確認したい。

NG
Answer ▶▶▶

海外で活動するスポーツ選手の活躍です。言葉や習慣、文化の壁を乗り越え、厳しい環境で結果を出していることは素晴らしいと感じます。私は毎日、スポーツニュースや新聞を必ずチェックしています。グローバルな舞台で活躍する選手はかっこいいと思いますし、自分の励みになります。

\ NG 理由 /

面接で伝えるべきことは、ニュースの詳細や情報収集の方法ではありません。その部分は簡潔にまとめ、自分自身のことを伝えましょう。「このニュースを通じて自分がどう考えたか」「何を学んだか」を述べることが大切です。

GOOD
Answer ▶▶▶

海外で活動するスポーツ選手の活躍です。私は大学2年生のとき、イギリスに短期留学しました。自分なりに英語の勉強はしてきたつもりでしたが、現地で通用するようなレベルではなく、間違えたら恥ずかしいと思い、人と会話をするのが怖くなってしまいました。そんなときに、現地で活躍する日本人サッカー選手に勇気をもらいました。その選手も語学力は決して高くありませんでしたが、外国人選手に積極的に話しかけてコミュニケーションを深めていました。その姿を見て、語学力ではなく、自分自身の目的をはっきりさせることが重要だと気づかされました。言葉や習慣、文化の壁を乗り越え、厳しい環境で結果を出している方々の取り組み姿勢は素晴らしいと感じました。何かに取り組むとき、いつも目的をはっきりさせることができない、自分の弱点を改めて認識しました。

\ GOOD 理由 /

なぜそのニュースが印象的なのか、自分の経験を通して学んだことや気づいたことが明確に伝わってきます。この質問で面接担当者が知りたいのは、知識の深さではなく、「どういう人間なのか」です。成功体験だけでなく、失敗を素直に伝えていることにも好感がもてます。

深掘り質問に備えよう！

- 留学した目的は何ですか？
- 留学を通じて、ほかにどんなことを学びましたか？
- 留学経験を当社でどのように活かしていきますか？

Q ⑬ ほかにはどんな業界を 志望していますか？

なぜこの業界と当社を志望しているのかを知りたい。ほかに志望している業界を知ることで、どのような仕事をしたいのか、仕事選びの軸がブレていないかを確認したい。

NG
Answer▶▶▶

　　住宅業界のほかには、自動車業界を志望しています。理由は、自動車が好きだからです。趣味と実益を兼ね、さまざまなディーラーのショールームも見学しています。高性能で細かな配慮が行き届いた日本車は、もっと世界で評価されるべきだと思います。私自身が惚れ込んだ魅力ある製品を世界に発信していきたいです。

＼ NG 理由 ／

この回答では、自動車業界が第一志望のように感じられます。住宅業界が第一志望なら、それも伝えないと面接担当者は「だったらなぜウチを受けたの？」と考えるでしょう。住宅業界との共通点も語られていないので、仕事選びの軸もわかりません。

GOOD

Answer ▶▶▶　自動車業界も志望しています。第一志望は住宅業界ですが、その理由は人々が幸せに暮らすことに貢献したいからです。私の家庭は、中学2年生のときに新築の一軒家を建て、家族がそれまでよりも仲良くなりました。そんな幸せを増やすお手伝いをしたくて、御社の営業職を志望しています。自動車業界を志望しているのも同じ理由です。家族でドライブをして、キャンプや海水浴に行ったことはとても幸せな思い出です。お客様の希望に合った自動車を紹介することで、多くの人が幸せに暮らすことに貢献したいです。ただ、人が購入するものの中で最も高額な商品は、住宅だと思います。御社で、より責任のある、やりがいのある仕事をすることが、私の一番の目標です。

\GOOD 理由/

なぜ自動車業界を志望しているのか、その理由が明確に述べられています。それだけではなく、住宅業界が第一志望である理由も、自分の経験を踏まえてしっかり伝わってきます。志望理由も共通しているため、仕事選びの軸にもブレがありません。

深掘り質問に備えよう！

- 同業他社ではなく、当社を志望する理由は何ですか？
- 他社の選考状況を教えて下さい。
- 他社と比べて、当社の志望順位を教えて下さい。

Q ⑭ 集団の中でどのような役割を果たしていますか？

面接担当者の意図

集団の中で、どのような役割・ポジションで、どのような行動を取るのかを知りたい。集団の中で、自分が生かせる力、自分が果たせる役割を把握しているのかを確認したい。

NG Answer ▶▶▶

時と場合によります。リーダーになることもあれば、サブに回るときもありますし、縁の下の力持ちになるときもあります。お笑い担当として、みんなを楽しませることもできます。どんな役割もこなせるのが、私の強みだと考えています。ですから御社でも、どんな役割を与えられても活躍できると思います。

＼ NG 理由 ／

この質問で問われているのは、「最も力を発揮できるのはどんな役割なのか」です。本当にどんな役割もこなせるのなら、たしかに強みかもしれませんが、この回答では単に自己分析が甘いように感じられます。自分の特性について、もっと深く考えてみましょう。

GOOD
Answer ▶▶▶

リーダーを補佐する役割をすることが多いです。高校時代は生徒会の副会長を務め、大学でも軽音楽サークルの副部長を務めました。私は自分がトップに立つことよりも、リーダーのメッセージをほかのメンバーにわかりやすく伝えることや、別の視点からリーダーに助言することに適性があると考えています。事務作業など実務的なことも得意なので、リーダーのやりたいことを具体化することで集団に貢献しています。このように、私は、集団で何かをするときは、それぞれが自分の役割を全うすることが大事だと考えています。

\ GOOD 理由 /

自分の役割と、集団行動における自身の考え方が明確に伝えられています。この質問は「リーダーシップがある」と答えなくてはいけないと考える人が多いようですが、必ずしもそうではありません。大事なのは、自分の役割をきちんと理解していることです。

深掘り質問に備えよう！

- あなた自身がリーダーになった場合は、どうされますか？
- あなたが苦手なことは何ですか？
- あなたが一番輝いているのは、どんなときですか？

Q ⑮ インターンシップへの参加は？ どんな業界や企業ですか？

就活の考え方や志望企業・業界を知りたい。就活に対する意識やインターンシップの重要性を理解しているのかも確認したい。自社に対する志望度合いの高さもチェックしておきたい。

NG
Answer ▶▶▶

損害保険会社のインターンシップに数社参加しました。就活では、インターンシップが重要だと聞いていたからです。30 社に申し込んで受かったのがその数社だけだったので、損害保険会社を選んだ理由は特にありません。とりあえず幅広く業界研究をしようと思って、参加しました。

\ NG 理由 /

インターンシップに参加していた場合でも、参加した目的が明確でないとインターンシップの重要性を理解していないのではないかと思われます。また、なぜその業界や企業のインターンシップに参加したのか、理由を伝えることも大切です。

GOOD
Answer ▶▶▶

　金融業界、その中でも地方銀行のインターンシップに数社参加しました。インターンシップを通じて、経営が悪化している企業を支えるだけでなく、これから成長していく企業を応援することも大切だと認識しました。その結果、地域に根差した銀行で地域の経済を支えたいという思いが強くなりました。私は今まで、より良い人間関係や信頼関係を築くことで成果や結果を出してきたので、地域の方々と十分なコミュニケーションを取りながら、経済を成長させていきたいと考えています。

\ **GOOD 理由** /

どのような業界、企業に興味があるのかを伝えることができています。その理由も明確に説明できています。インターンシップが企業と学生の相互理解の場であることも理解していて、就活に対する意識の高さがうかがえます。

深掘り質問に備えよう！

- ●インターンシップでほかに印象に残ったことは何ですか？
- ●金融業界や銀行以外に、興味をもつことができましたか？
- ●ほかにはどんなインターンシップに参加しましたか？

Q ⑯ 当社のインターンシップには参加しましたか？

志望度合いの高さ、就職活動への意識や意欲が高いかどうか、企業研究を行っているのかを知りたい。参加していない場合は、その理由も確認しておきたい。

NG
Answer ▶▶▶

参加していません。インターンシップに応募する時期には、金融業界にあまり興味を持っていなかったからです。しかし、私の考えと御社の理念は一致すると思います。

\ **NG 理由** /

インターンシップに参加していない場合は、その理由を具体的に述べることが大事です。また、なぜその企業に興味関心をもったのかを伝えることが重要です。この回答では、志望理由が浅すぎます。OB・OG訪問などを行い、もっと深く企業研究をする必要があります。

GOOD
Answer ▶▶▶

参加していません。御社のインターシップの応募時期には、金融業界に興味をもっておりませんでした。しかし他業界のインターンシップに参加することで、地域経済を支えるためには、銀行、その中でも地方銀行の存在が大きいと感じ、そこから興味関心をもつようになりました。御行を志望したのは、渉外活動に力を入れ、お客様との関わりを大切にしている印象があったからです。幼いころから実家に御社の集金の方がいらして、母と楽しそうに話されていた姿がとても印象に残っています。先輩訪問や店舗見学をさせていただくことで、活字からはわからないことも知ることができました。若い行員の方々が責任をもって業務に取り組む姿を見たことも、御社に惹かれた理由の１つです。

\GOOD 理由/

インターンシップに参加しなかった理由、その後に興味をもった理由が明確に伝えられています。また、企業研究を進めていることがしっかりとアピールできています。志望企業のインターンシップに参加していなくても、必ずしも NG というわけではありません。

深掘り質問に備えよう！

● OB・OG 訪問はされましたか？
● ほかにどんな企業研究をして、当行に興味をもたれたのですか？
● ほかの銀行のインターンシップには参加しましたか？

Q ⑰ 通っている大学を選んだ理由は何ですか？

大学をどのような基準で選んだのか知りたい。その理由から何かを選ぶときに、どのような視点で選んでいるのかを確認し、人間性や考え方を確認したい。

NG
Answer▶▶▶

現在の大学を選んだ理由は、家から近く、学園祭なども楽しそうで、自分の成績にも合っていたからです。将来どんな職種に就く場合も通用する学部だと考え、経済学部を選びました。テニスサークルの活動などを通じて友人もたくさんできました。この大学を選んで良かったと思っています。

\ NG 理由 /

大学を選んだ理由は当時の気持ちを素直に話せばいいのですが、この回答だけでは中身が薄すぎます。志望企業に関連する授業や、大学で学んだこと、「当時はこうでしたが、今ならこう考えます」など、自分の人間性や考え方が伝わる内容を考えましょう。

GOOD
Answer ▶▶▶

　私は建物に興味があり、建築学科のある現在の大学を志望しました。大学で建築について学ぶ中で、実際の建築現場で作業することよりも、図面を見ることに関心があることに気づき、御社のインターンシップに参加しました。御社で専門的に行っている積算という仕事は、納期が1週間から2週間と短く、年間200から300もの図面にたずさわるとうかがいました。また、ビルや商業施設をはじめ、歴史的な建築物や世界的なスポーツ大会の競技場の仕事が多いとうかがいました。実際に仕事も体験させていただき、普段は入ることのできない建物の図面を見ることもできて、とても面白かったです。御社で多くの図面にたずさわる仕事をしたいと思い、学校の授業もより熱心に受けるようになりました。

\ **GOOD** 理由 /

質問に対する答えが、わかりやすく伝えられています。この学生の場合は、大学を選んだ理由と志望動機に共通点がありますが、そうでない場合は、無理に一致させる必要はありません。大学で学んだことなどを伝え、自分の人間性や考え方を伝えましょう。

深掘り質問に備えよう！

- ●大学で最も興味をもった授業は何でしたか？
- ●ゼミではどんな勉強をしましたか？
- ●社会人と学生の違いは何だと思いますか？

Q ⑱ 大学の授業で興味のある ものは何ですか？

学業にどのように取り組んでいたのか知りたい。学生時代に力を入れたことや自己PRを聞くことで、入社後の活躍するイメージや将来性を見ることはできるが、学生の本分である学業でもやるべきことをやっているかを確認したい。

NG
Answer▶▶▶

シンガポール経済です。私は、大学1年生の夏休みにシンガポール旅行をしました。自分が想像していたよりもずっと都会だったことに驚いて、シンガポールに興味をもつようになりました。世界でも注目されている国だと思いますので、今後もどのように発展するのか注目していきたいです。

授業で学んだことが何も話せていません。興味のある授業であれば、その内容や学んだことについて詳しく話せるはずです。オンライン就活になって学業に関する質問が増えていますが、授業の内容を詳しく話せない学生が多くいます。しっかり対策をしておきましょう。

GOOD
Answer ▶▶▶

公衆衛生学です。この授業で印象的だったのは、平均寿命と健康寿命に差があることです。平均寿命とは、何年生きられるかを表した数値です。健康寿命とは、健康上の問題で日常生活が制限されることなく生活できる期間のこと。厚生労働省によると、日本人の平均寿命と比較してみると男性は 8.84 年、女性は 12.35 年も差があることになります。差があることで、日本の社会保障制度である医療保険にも大きな影響があり、それをどのように解決していけばよいのかを考えるきっかけになりました。試験やレポートも、直前に取り組むのではなく、計画を立て取り組むことを心がけていました。

\ GOOD 理由 /

何を学び、どのように考えたのかが明確に語られています。また、学業に取り組む姿勢を伝えることで、自分の良さもアピールできています。このように話すことで、面接担当者はあなたの良さや特徴をより深く理解し、入社後の活躍もイメージしやすくなります。

深掘り質問に備えよう！

● なぜ公衆衛生学に興味をもったのですか？
● 医療保険の問題をどのように解決すればいいと考えていますか？
● ほかに興味をもった授業はありますか？

Q ⑲ 大学の成績について教えて下さい

学生の本分である学業に、どの程度取り組んでいたのかを知りたい。成績について話を聞くことで、やるべきことができる人間かどうかを判断する1つの材料にしたい。

NG
Answer▶▶▶

成績は、あまり良くないです。ただ、ゲームサークルの活動では部長を務め、eスポーツ学生選手権では優勝しました。3年間続けた中古家電店のアルバイトも頑張り、バイトリーダーに任命されました。サークル活動やアルバイトを通じて成長でき、充実した学生生活になったと思っています。

\ NG理由 /

この質問では、学業について尋ねられています。成績が良くないのなら、その理由についてもう少し具体的に示したほうがよいでしょう。熱心に取り組んだ授業があるのなら、その科目について語り、学生の本分に対する自身の取り組み方について詳しく伝えましょう。

GOOD

Answer ▶▶▶

どの科目も頑張って一番いい成績を取っています。大学で多くのことを学べる機会だと思い、試験前だけでなく、計画的に勉強することを心がけていました。特に力を入れていた科目は、英語リーディング・ライティングです。大学入学後に始めたアルバイト先のコンビニエンスストアに外国人のお客様が多かったので、私は１つの目安として「TOEIC700点以上」という目標を立てました。最初のテストでは600点にも及ばずショックを受けましたが、勉強の仕方を変えたり、ネイティブの人と直接話す機会を設けたりして、授業以外での勉強にも励みました。途中なかなか点数が上がらず悩んだこともありましたが、あきらめずに取り組み、3度目のテストで目標を達成することができました。

\ GOOD 理由 /

大学の成績や学業への取り組み方についてしっかりと語られています。力を入れた科目についても語ることで、困難を乗り越える努力ができる人物であることも伝わってきます。どのような質問に対しても、「自分がどんな人間か」を伝えることは大事なポイントです。

深掘り質問に備えよう！

- 3年生までに取得している単位数が少ないのはなぜですか？
- なぜ英語に一番力を入れたのですか？
- 卒業論文のテーマについて5分間話して下さい。

Q ⑳ ゼミ・卒論のテーマは 何ですか？

どのような分野に興味があるのか、どのような知識を身につけてきたのかを知りたい。興味のあることを、どのように追究し、深めていくのかを確認したい。

NG
Answer ▶▶▶

まだ卒論のテーマ決定の時期ではないので、特に決めていませんが、「SDGs」が話題になっているので気になっています。コンビニのレジ袋も有料になりましたし、プラスチック削減に向けた企業の活動について調べてみようかと思っています。ただ、就活を通じて日々成長していますので、テーマはガラリと変わるかもしれません。

\ NG 理由 /

卒論とは、大学で学んだことの集大成です。「特に決めていません」という回答は、何も考えていないといっているのと同じです。4年間の集大成なのに、テーマがガラリと変わるかもしれないというのも感心できません。

GOOD
Answer ▶▶▶

卒論のテーマは「プラスチック削減に向けた事例」です。このテーマを選んだのは、2050年には海のプラスチック量が魚の数よりも多くなると知り、とても危機感を覚えたからです。私の故郷の沖縄では、美しかった海が漂着ゴミなどによって汚染されています。海やゴミについて考えることは、私にとって身近で切実なテーマです。多くの世界的企業がプラスチックストローの廃止を宣言しています。ある企業ではプラスチック製品7種類を全廃する計画を発表し、2030年までに原料をすべて持続可能なものに切り替えると公表していました。ほかにどんな削減案が可能なのかを考え、御社の商品開発にも活かしていけたらと考えています。

GOOD 理由

どうしてそのテーマに興味をもったのかが、明確に伝わってきます。卒論のテーマだけでなく、将来の展望まで述べられている点も、とても優れています。どの企業にとっても、持続可能な開発目標は重要なテーマ。時代のニーズにもマッチしています。

深掘り質問に備えよう！

- ほかにはどんなプラスチック削減案が考えられますか？
- 卒論に対して具体的にはどんな取り組みをされていますか？
- 当社にできるのは、どんなことだと思いますか？

【著者紹介】

才木弓加（さいき　ゆか）

大学で非常勤講師を務めるかわたら、自ら就職塾「才木塾」を主宰し、直接学生への指導にあたる。長年のキャリアに基づいた独自の指導方法は、徹底した自己分析を行うのが特徴。最新の就活トレンドに適応したオンライン就活の指導も行っている。著書に『内定獲得のメソッド　面接担当者の質問の意図』、『内定獲得のメソッド　面接　自己PR 志望動機』（以上、マイナビ出版オフィシャル就活BOOK シリーズ）『就活　自己分析の「正解」がわかる本』（実務教育出版）、『サプライズ内定　なぜ彼らは大手企業に内定できたのか！』（角川マガジンズ）などがある。YouTube のマイナビ就活チャンネルでも動画を配信している。

https://www.youtube.com/channel/UCINp43IZKmeCyDdwvgesJHg

編集協力	山角優子（有限会社ヴュー企画）
表紙デザイン	掛川竜
本文デザイン・DTP	提箸圭子
イラスト	こつじゆい
執筆協力	谷田俊太郎

内定獲得のメソッド

Web面接　オンライン面接の心得

著者	才木弓加
発行人	角竹輝紀
発行所	株式会社マイナビ出版
	〒 101-0003
	東京都千代田区一ツ橋 2-6-3 一ツ橋ビル 2F
	電話　0480-38-6872（注文専用ダイヤル）
	03-3556-2731（販売部）
	03-3556-2735（編集部）
	URL　https://book.mynavi.jp
印刷・製本	中央精版印刷株式会社